In unseren Veröffentlichungen bemühen wir uns, die Inhalte so zu formulieren, dass sie Frauen und Männern gerecht werden, dass sich beide Geschlechter angesprochen fühlen, wo beide gemeint sind, oder dass ein Geschlecht spezifisch genannt wird. Nicht immer gelingt dies auf eine Weise, dass der Text gut lesbar und leicht verständlich bleibt. In diesen Fällen geben wir der Lesbarkeit und Verständlichkeit des Textes den Vorrang. Dies ist ausdrücklich keine Benachteiligung von Frauen oder Männern.

Impressum

ejw Evangelisches Jugendwerk in Württemberg

buch+musik ejw-service gmbh, Stuttgart
www.ejw-buch.de
ISBN Buch 978-3-86687-158-8
ISBN E-Book 978-3-86687-159-5

Verlag Junge Gemeinde, Leinfelden-Echterdingen
www.junge-gemeinde.de
ISBN Buch 978-3-7797-2115-4

Lektorat: Punkt.Landung, Mirja Wagner, Marburg, und
Peter Hitzelberger, Verlag Junge Gemeinde, Stuttgart
Umschlaggestaltung: Anne Preuß, Sindelfingen
Gestaltung und Satz: Beate Schmid Grafik Design, Heimsheim
Illustrationen Umschlag, Deckblätter: d-sign-struve, Simone Struve, Renningen
Bildrechte Autorenfoto: privat
Druck und Gesamtherstellung: Kösel GmbH & Co. KG, Altusried-Krugzell

Christiane Fauth

Hallo, hereinspaziert!

12 Erlebnisgottesdienste für kleine Leute im Krabbel- und Kindergartenalter

buch+ musik

Verlag Junge Gemeinde

Inhaltsverzeichnis

Sommer

Herbst

Winter

Mit kleinen Kindern Gottesdienste feiern

Es ist ein paar Minuten vor Gottesdienstbeginn. Die Türen des Gemeindehauses stehen weit offen. Viele Familien kommen angelaufen. Familien mit Kinderwagen oder langsam unterwegs mit kleinen Kindern an der Hand. Mit dabei sind Tanten und Onkels, Omas und Opas. Auch Gemeindeglieder mischen sich darunter. Langsam füllt sich das Haus. Die Gäste treten ein und werden freundlich begrüßt. Das Gemeindehaus ist heute anders bestuhlt. Die Stühle stehen in einem Halbkreis in mehreren Reihen. In der Mitte ist ein Gang. Vor den Stühlen liegen viele Bodenkissen. Die Kinder gehen dort hin und setzen sich. Jetzt haben sie den Blick auf die Bühne frei, die direkt vor ihnen ist. Dort stehen heute viele Kisten kreuz und quer. Was das wohl bedeuten soll? Dann fängt der Gottesdienst an. Die Musik beginnt und es wird leise. Bei der Begrüßung schauen viele gespannte Kinderaugen nach vorne. Gemeinsam wird ein Lied mit Bewegungen gesungen: „Einfach Spitze, dass du da bist". Dann wird gebetet.
Jetzt geht die Geschichte los. Heute taucht plötzlich die Handpuppe Paula auf, die einfach in den Kisten herumschnüffelt. Wenig später erscheint auch ihr Freund Olli, der den alten Globus von seiner Oma sucht. Doch Paula kann ihm nicht helfen, sie weiß gar nicht, was ein Globus überhaupt ist. Zum Glück kann Olli es ihr erklären, und Paula überlegt: Wie hat Gott das nur gemacht mit der Welt? Olli hat eine Idee und liest in seiner Kinderbibel nach. Nach jedem Schöpfungstag dürfen die Kinder Olli und Paula helfen, auf dem Boden ein Stückchen unserer Erde zu gestalten: Sie setzen Wolken an den Himmel, schütten Erde auf den Boden, legen Blumen, bauen Meere – es gibt viel zu tun. Mit vollem Eifer sind sie dabei. Nach jedem Schöpfungstag wird gemeinsam „Du hast uns deine Welt geschenkt" gesungen. Bald können alle den Text auswendig – die Kleinen und die Großen – und singen begeistert mit. Und am Ende? Da liegt die ganze Welt in Kleinformat auf dem Boden. Und alle staunen darüber, wie schön Gott alles gemacht hat! Nach dem gemeinsamen Segenslied gehen Kinder und Erwachsene erfüllt nach Hause.

Ziel eines Erlebnisgottesdienstes

Ein Erlebnisgottesdienst ist ein Gottesdienst, der den Glauben und Gott spürbar und greifbar macht, der nicht nur Stillsitzen bedeutet, sondern Erlebnis. Ein Erlebnisgottesdienst, bei dem man nicht nur zuhört, sondern mitmacht, der durch seine klare und einfache Sprache die Liebe Gottes und seine Taten Kindern wie auch Erwachsenen nahebringt. So werden die Kinder die gute Nachricht nicht nur hören, sondern auch erleben und spüren. Denn das ist das Ziel eines jeden Erlebnisgottesdienstes, dessen Merkmale ich im weiteren Verlauf des Buches noch genauer erklären werde.

Zielgruppe

Die Zielgruppe der Erlebnisgottesdienste sind Kinder im Krabbel- und Kindergartenalter, also im Alter von null bis fünf Jahren. Dies ist eine recht große Altersspanne, die sich aber folgendermaßen begründet: Die Kleinsten lernen die Welt vor allem durch ihre Sinnesorgane kennen: durch Sehen, Fühlen, Hören, Riechen und Schmecken (siehe Abschnitt „Mit den Augen der Kinder sehen“, S. 17). Dies wird bei jedem Erlebnisgottesdienst umgesetzt. Sie erleben die Atmosphäre, sie erleben die Geschichte. Sicher nehmen sie nicht alles auf. Aber so lernen sie einen Raum kennen, in dem sie aktiv dabei sein können und in dem eine liebevolle Atmosphäre herrscht. Die größeren Kinder nehmen durch die Vielfältigkeit und Klarheit der Erlebnisgottesdienste die Botschaft leicht auf. Durch den Wechsel der Methoden fällt es sowohl den lebhaften als auch den ruhigeren Kindern leichter, zu folgen und zu verstehen. Es wird stets drauf geachtet, dass sich Zuhören und Bewegung, Kreativität und Spiel im Gleichgewicht befinden.
Auch den „großen Leuten“ tut es oft gut, diese einfache und klare Botschaft zu hören. Ich habe gute Erfahrungen damit gemacht, auch mal den klassischen Erwachsenengottesdienst durch einen Erlebnisgottesdienst zu ersetzen.

Warum schon mit den Kleinsten Gottesdienste feiern?

Aus biblischer Sicht

„Und sie brachten die Kinder zu ihm, damit er sie anrühre. Die Jünger aber fuhren sie an. Als es aber Jesus sah, wurde er unwillig und sprach zu ihnen: Lasst die Kinder zu mir kommen und wehret ihnen nicht; denn solchen gehört das Reich Gottes. Wahrlich, ich sage euch: Wer das Reich Gottes nicht empfängt wie ein Kind, der wird nicht hineinkommen. Und er herzte sie und legte die Hände auf sie und segnete sie“ (Mk 10,13-16 Luther).
Diese Bibelstelle begründet sehr gut, warum es so wichtig ist, Gottesdienste schon mit den Allerkleinsten zu feiern:

- **Die Jünger sind zu den Kindern unfreundlich und wehren sie ab.** Wie oft erleben kleine Kinder diese Situation in Kirchen und Gemeinden? Sie müssen stillsitzen und leise sein. Sie verstehen nicht, was vorne gesagt wird. Die Kinder lernen: Kirche und Glaube sind langweilig und nur etwas für große Leute. So werden sie durch die Art des klassischen Gottesdienstes ausgeschlossen. Möchte man Kinder auch willkommen heißen, so muss man ihnen einen Raum geben, in dem sie sich entfalten können und wohl fühlen.
- **Jesus wird gegenüber den Jüngern unwillig und bittet die Kinder zu sich!** Jesus gefällt das Verhalten der Jünger gar nicht: Er möchte die Kinder bei sich haben! Er möchte, dass auch schon Kinder etwas von ihm erfahren. Für ihn sind sie mündig! Indem er sie zu sich kommen lässt, sagt er: Glaube ist auch etwas für Kinder! Und das muss ihnen vermittelt werden, z. B. bei einem Erlebnisgottesdienst.
- **Jesus segnet sie und herzt sie.** So sollen wir Kinder in unseren Kirchen und Gemeinden empfangen: Sie sind ein Segen und geliebt! Das muss ihnen vermittelt werden!

Aus religionspädagogischer Sicht

Die Religionspädagogik betrachtet die Dinge aus dem theologischen wie auch aus dem pädagogischen Blickwinkel. Sie hilft, den Glauben für Kinder in ihre Alltagswelt zu übertragen. Dadurch liefert sie uns weitere Gründe, warum Gottesdienste mit und für kleine Kinder wichtig sind.

Warum ist Glaube so wichtig für Kinder?

- Die ersten Lebensjahre prägen Kinder grundsätzlich. Während dieser Zeit entsteht das Urvertrauen, welches ihnen eine Sicherheit in ihrem Leben gibt. Lernen Kinder schon früh Gott als den liebenden Vater kennen, schafft dies eine wichtige Grundlage für ihr Leben: Sie wissen, dass sie gewollt und geliebt sind. Dieses Denken ist Grundlage für ein positives Selbstwertgefühl.
- Kinder benötigen schon früh Orientierung in elementaren Lebensfragen. So stellen sie sich die Frage nach sich selbst: Wer bin ich und wer darf ich sein? Durch den Glauben erfährt das Kind, dass es nicht nur Produkt seiner Eltern und seiner Umwelt ist. Vielmehr lernt es Gott als sein großes Gegenüber kennen, der es gewollt hat und liebt. Dadurch wird das Ich des Kindes gestärkt.
- Die Frage nach dem Sinn des Ganzen: Warum muss ich sterben? Diese Frage stellen sich Kinder ab ungefähr vier Jahren. Natürlich kann man sie rein naturwissenschaftlich beantworten, doch zeigt sich in dieser Frage der Kinder ihre Suche nach dem Sinn des Lebens. Der Glaube gibt ihnen hier Antwort und Hoffnung.
- Die Frage nach Gott: Wo finde ich Schutz und Geborgenheit? Kinder suchen von klein auf Schutz und Geborgenheit. Die biblischen Geschichten knüpfen daran an.
- Die Frage nach dem ethischen Handeln: Was ist richtig und was ist falsch? Nicht zuletzt gibt der Glaube Kindern starke Orientierung bezüglich ihrer Werte und ihres ethischen Handelns (vgl. Schweitzer, Friedrich: Das Recht des Kindes auf Religion, Gütersloher Verlagshaus, Gütersloh 2013, S. 57 ff.).

Warum sollen wir Gottesdienste mit kleinen Kindern feiern?

- Religiöse Erziehung wird immer mehr außerfamiliär geleistet: In vielen Familien geschieht heute keine oder nur sehr wenig religiöse Erziehung. Die christlichen Gemeinden müssen sich dieser Verantwortung stellen und Angebote für jedes Alter anbieten.
- Ein ganz praktischer Aspekt ist die nächste Generation: Jede Gemeinde braucht Nachwuchs. Darum ist es wichtig, auch schon Angebote für die Allerkleinsten zu haben. Auch kleine Kinder benötigen eine Willkommenskultur in der Gemeinde und dürfen spüren, dass sie zur Gemeinschaft dazugehören.
- Gottesdienst und Liturgie werden von den Kindern mehr verstanden als wir Erwachsenen oft glauben. Gott, den man den Kindern nicht sichtbar machen kann, wird durch den Besuch eines Gottesdienstes verständlicher gemacht.

Zum Weiterlesen empfehle ich folgendes Buch: Schweitzer, Friedrich: Das Recht des Kindes auf Religion, Gütersloher Verlagshaus, Gütersloh 2013.

Besondere Merkmale eines Erlebnisgottesdienstes

Erlebnisgottesdienste sind für die Allerkleinsten gemacht. Sie haben besondere Merkmale:

Klare Botschaft: Kleine Kinder können komplexe Deutungen eines Bibeltextes nicht verstehen. Darum beschränkt sich der Inhalt eines Erlebnisgottesdienstes auf eine klare Botschaft, die den Kindern auf unterschiedliche Art verdeutlicht wird. So erreicht man, dass die Kinder diese eine Bedeutung verstehen und mit in den Alltag nehmen.

Aus Sicht der Kinder: Alle Geschichten und biblischen Themen müssen aus Sicht der Kinder betrachtet werden (Methode der Elementarisierung). Gerade bei der Formulierung des Zielgedankens muss darauf geachtet werden, dass dieser für die Kinder von null bis fünf Jahren relevant und alltagsnah ist. In dem Abschnitt „Mit den Augen der Kinder sehen" (siehe S. 17) gehe ich hierauf noch näher ein.

Visualisiert und greifbar: Kleine Kinder lernen durch ihre Sinnesorgane. Sie müssen also einen Sachverhalt nicht nur hören, sondern ihn auch im Sehen und Fühlen begreifen. Darum wird in einem Erlebnisgottesdienst auch so viel wie möglich sichtbar, fühlbar und erlebbar gemacht.

Aktion und kreatives Gestalten: Jeder Erlebnisgottesdienst beinhaltet Aktionen (z. B. Spiele und/oder kreatives Gestalten). Damit werden Inhalte vertieft und die Kinder mit in das Geschehen und die Geschichte hineingenommen.

Abwechslungsreich: Kinder sind nicht zum Stillsitzen gemacht. Sie sind aktiv und haben einen natürlichen Bewegungsdrang. Darum muss ein Erlebnisgottesdienst abwechslungsreich aufgebaut sein: eine Kombination aus Sitzen, Bewegen, Spielen und kreativem Gestalten.

Wiederholung: Kinder lernen durch Wiederholung. Ein Erlebnisgottesdienst wiederholt zum Beispiel den Zielgedanken und das Lied zum Thema immer wieder. So fällt es den Kindern leichter, das Grundlegende zu behalten und neue Lieder zu lernen.

Liturgie: Auch auf eine kleine Liturgie verzichten wir nicht in einem Erlebnisgottesdienst. Es läuft zwar jeder Gottesdienst anders ab, jedoch sind Beginn und Schluss jedes Mal identisch. Sie enthalten immer dieselben Lieder sowie Grundelemente des klassischen Gottesdienstes für Erwachsene: Gebete, Segen. Dies gibt den Kindern zum einen Orientierung, zum anderen werden die Kinder so langsam an eine Form des Gottesdienstes, wie ihn die Erwachsenen erleben, herangeführt. So können sie sich später besser auch in anderen Gottesdiensten zurechtfinden.

Viel Liebe zum Detail: Kinder sollen sich in einem Erlebnisgottesdienst willkommen fühlen. Sie merken es, wenn man sich viele Gedanken über Details und auch Kleinigkeiten gemacht hat. Das drückt eine ganz besondere Wertschätzung aus.

Hoher Aufwand: Aus den vorherigen Punkten ergibt sich ein relativ hoher Vorbereitungs- und Materialaufwand bei Erlebnisgottesdiensten. Darum ist es auch ratsam, ein Vorbereitungsteam aus mehreren Mitarbeitenden zu haben, so werden die Aufgaben auf mehrere Schultern verteilt.

Grundlegende Vorbereitungen für einen Erlebnisgottesdienst

Ein guter Gottesdienst bedarf einer guten Vorbereitung. An dieser Stelle möchte ich ein paar Tipps geben, wie diese Vorbereitungen gut gelingen können.

Downloads zum Buch

Für alle Erlebnisgottesdienste gilt: Die in diesem Buch enthaltenen Illustrationen, die Materiallisten sowie zusätzliche Vorlagen und Beispielfotos können unter

www.ejw-buch.de/shop/hallo-hereinspaziert.html

und

www.junge-gemeinde.de/hallo-hereinispaziert.html

als digitale Daten heruntergeladen werden. Der Kauf des Buches berechtigt zum Downloaden, Ausdrucken, Kopieren und Verwenden dieser Daten, sofern sie zur Vorbereitung und Durchführung der Inhalte dieses Buches verwendet werden. Eine Vervielfältigung, Verwendung oder Weitergabe darüber hinaus ist ohne Erlaubnis ausdrücklich nicht gestattet.

Das brauche ich, um einen Erlebnisgottesdienst durchzuführen

Motivierte Mitarbeitende: Das ist die Grundvoraussetzung eines jeden Erlebnisgottesdienstes – Menschen, die das Anliegen haben, schon die Kleinsten mit Gottes Liebe zu erreichen. Durch die Vielfältigkeit der Erlebnisgottesdienste können sich alle mit ihren Gaben einbringen. Ein Team von ungefähr fünf bis sieben Mitarbeitenden ist optimal.

Geeignete Räumlichkeiten: Erlebnisgottesdienste benötigen aufgrund der gewünschten Beweglichkeit viel Platz. Hierzu eignet sich nach meinen Erfahrungen ein Gemeindehaus besser als ein Kirchengebäude. Man ist flexibler und es gibt mehr Platz für verschiedene Schauplätze. Meist wird neben einer kleinen Anspielfläche auch noch Platz für ein Bodenbild, eine kreative Bastelarbeit oder eine spielerische Aktion benötigt. Zudem können die Kinder in einem Gemeindehaus sehr gut mit Sitzkissen auf dem Boden sitzen, die Stühle werden dann im Halbkreis aufgestellt. So wird eine große Nähe zum Geschehen geschaffen.

Liturgie/Gottesdienstleitung: Um Klarheit zu schaffen, wer für die Ansagen im Gottesdienst zuständig ist, sollte eine Mitarbeiterin / ein Mitarbeiter durch den Erlebnisgottesdienst führen und für den liturgischen Beginn und das liturgische Ende verantwortlich sein.

Begleitmusik: Ein Erlebnisgottesdienst lebt von der Wiederholung, das bezieht sich auch auf die Lieder. Hier ist es gut, eine Musikerin / einen Musiker zu haben, die/der sich auf die Geschwindigkeit der Kinder einlässt, spontane Ansagen umsetzt und eine deutlich hörbare Melodie spielt.

Requisiten: Das Bühnenbild ist häufig sehr alltäglich, sodass meist alle Requisiten von zu Hause mitgebracht werden können. Auch die Verkleidung der mitspielenden Personen ist alltäglich und zu Hause meist vorhanden. Treten biblische Personen auf, so werden Gewänder benötigt. Diese stehen häufig Gemeinden zur Verfügung, können von Nachbargemeinden ausgeliehen oder schnell selbst genäht werden.

Materialien und Ausgaben: Gottesdienste, die visualisiert werden, benötigen Materialien. Oft sind es Alltagsgegenstände, die man bei sich selbst oder bei anderen Gemeindegliedern zu Hause finden kann. Gerade für die Bastelarbeiten müssen aber auch immer wieder Materialien eingekauft werden. Wir achten sehr darauf, dass die Ausgaben pro Kind 0,50 € nicht übersteigen. Generell gilt jedoch immer: Erst die Menschen in der Gemeinde fragen, bevor man die Dinge einkauft.

Einladungen, Plakate, Programmblätter: Ein Erlebnisgottesdienst bietet eine tolle Gelegenheit, auch kirchenferne Familien einzuladen und zu gewinnen. Um diese Chance zu nutzen, benötigt man eine gewisse Öffentlichkeitsarbeit. Mithilfe der Titelillustrationen zu den einzelnen Gottesdiensten können leicht Plakate und Einladungen erstellt werden, die man im ganzen Ort verteilen kann. Ein Programmblatt mit dem Ablauf des Gottesdienstes hilft besonders kirchenfernen Familien, sich im Gottesdienst zurechtzufinden. Es gibt ihnen Orientierung, und sie fühlen sich nicht durch unerwartete Lieder und gemeinsame Gebete ausgeschlossen. Das trägt sehr zum Gefühl bei, willkommen zu sein. Im Abschnitt „Erlebnisgottesdienst-Ablauf" eines jeden Gottesdienstes sind die verschiedenen Programmpunkte, die man in ein Programmblatt drucken könnte, optisch hervorgehoben, sodass sie dafür leicht übernommen werden können.

Wie kann ich zu den Erlebnisgottesdiensten einladen?

Wie bereits oben erwähnt, bieten Erlebnisgottesdienste eine tolle Möglichkeit, auch kirchenferne Familien einzuladen. Darum empfehle ich, die Werbung nicht nur auf eine Abkündigung im kirchlichen Nachrichtenblatt (Gemeindebrief) zu beschränken, sondern diese auszuweiten. Folgende Vorschläge können hierbei helfen:

Briefe: Nachdem der Titel und das Thema feststehen, kann man einen persönlichen Brief an Kinder im Alter von null bis fünf Jahren verfassen, in dem schon ein bisschen was vom Erlebnisgottesdienst verraten wird. Bei Erlebnisgottesdiensten innerhalb der evangelischen Landeskirche besteht die Möglichkeit, über das Pfarramt Briefe an alle getauften Kinder dieses Alters zu verschicken. Freikirchen haben sicherlich auch eine Mitgliederliste, mit deren Hilfe die Zielgruppe persönlich erreicht werden kann. Wir legen zudem bei jedem Erlebnisgottesdienst auch eine Liste aus, in die man sich eintragen kann, wenn man in Zukunft diesen Brief erhalten möchte. Die Briefe können mithilfe der Mitarbeitenden verteilt werden. Ein Beispielbrief befindet sich im Download zum Buch.

Plakate: Die Plakate werden auf Grundlage der Grafik des Briefes gestaltet, damit es einen Wiedererkennungseffekt gibt. Auf ihnen steht in großer Schrift das Thema, das Datum, die Zeit, der Ort des Erlebnisgottesdienstes sowie der Veranstalter. Die Plakate werden nach Absprache in den örtlichen Geschäften und Schaukästen aufgehängt (kirchlicher Schaukasten, Bäcker, Metzger, Haushaltsladen).

Flyer: Der Flyer sieht aus wie das Plakat – nur in DIN-A6. Die Flyer werden an alle Kinder in den umliegenden Kindergärten verteilt und an Stellen im Ort, an denen es erlaubt ist, ausgelegt (z. B. auch in Krabbelgruppen). So werden auch kirchenferne Kinder persönlich erreicht. Zudem sind sie eine Gedankenstütze für die Eltern.
Falls der Ort ein Mitteilungsblatt oder Ähnliches hat, kann der Entwurf des Flyers dort abgedruckt werden.

Zeitlicher Ablauf der Vorbereitungen

Folgendes Zeitschema schlage ich bei den Vorbereitungen grundsätzlich vor:

Vier Wochen vorher: erstes Vorbereitungstreffen. Hier sollten das Thema, der Titel des Erlebnisgottesdienstes und ein grober Ablauf festgelegt werden. Dann werden folgende Aufgaben bis zum nächsten Vorbereitungstreffen verteilt:

- Wer gestaltet das Plakat, die Einladungsbriefe, das Programmblatt und kümmert sich um die Veröffentlichung im Mitteilungsblatt (wenn vorhanden) und/oder Gemeindebrief?
- Wer überarbeitet das Anspiel und schaut, welche Rollen und Requisiten benötigt werden?
- Wer sucht einen Musiker / eine Musikerin für den Erlebnisgottesdienst?
- Wer schaut sich den Gottesdienstablauf an und überlegt sich, wie die Liturgie gestaltet werden soll?

Zwei bis drei Wochen vorher: zweites Vorbereitungstreffen. Hier werden alle Rollen und Aufgaben verteilt. Es sollte danach klar sein, wer die Besorgungen macht, wer welche Rolle übernimmt und wer als Gottesdienstleitung durch den Erlebnisgottesdienst führt. Des Weiteren werden jetzt Plakate, Flyer und Briefe an die Mitarbeitenden ausgegeben, die sie zwei Wochen vorher austeilen können.

Ein bis zwei Tage vorher: Aufbau des Erlebnisgottesdienstes. Alle Materialien werden zusammengetragen und hergerichtet. Die Lieder werden mit den Bewegungen vom ganzen Team eingeübt und das Anspiel geprobt. Je nach Einschätzung der Mitarbeitenden wird auch schon in der Woche davor eine Probe angesetzt, denn ein Anspiel, das auswendig vorgespielt wird, wirkt authentischer als eines, das abgelesen wird.

Am Erlebnisgottesdiensttag selbst: Alle treffen sich eine Stunde vorher. Hier kann nochmals geübt und alles hergerichtet werden, was noch nicht erledigt werden konnte. Zudem ist es gut, wenn man noch die Zeit hat, gemeinsam um den Segen Gottes für den Erlebnisgottesdienst zu bitten. Danach sind alle bereit, die Besuchenden des Gottesdienstes schon freudig an der Tür zu begrüßen. Man fühlt sich als Besucher/Besucherin willkommen, wenn alles fertig hergerichtet ist und keine geschäftige Atmosphäre mehr herrscht.

Zum Umgang mit den Kosten

Ein Erlebnisgottesdienst, der visualisiert und erlebbar gestaltet wird, benötigt Materialien. Nicht bei allen Materialen kann man auf zu Hause, die Kirchengemeinde oder vielleicht den Kindergarten zurückgreifen. Manches muss auch eingekauft werden. Hier ein paar Tipps, wie man mit den Kosten umgehen kann:

Den Erlebnisgottesdienst in den Spendenplan (Kollektenplan) der Kirche aufnehmen: Mit dem verantwortlichen Gremium sprechen, ob Gelder für den Erlebnisgottesdienst zur Verfügung stehen. Ist dies nicht der Fall, den Verantwortlichen die Wichtigkeit der Arbeit mit Kleinkindern vor Augen führen und darum bitten, dass der Erlebnisgottesdienst in den Spendenplan (Kollektenplan) aufgenommen wird.

Spender/Spenderinnen suchen: In der Gemeinde fragen, ob es nicht Leute gibt, denen die Arbeit mit kleinen Kindern am Herzen liegt und die konkret dafür Geld geben wollen. Oft gibt es ältere Menschen, die sich darüber freuen, auf diese Art helfen zu können.

Eine Kasse aufstellen: Ich empfinde es als schwierig, für Bastelarbeiten eine feste Bezahlung zu verlangen. Dies schließt womöglich ärmere Familien aus. Eine gute Möglichkeit ist jedoch, ein Körbchen aufzustellen, in das die Eltern freiwillig etwas für Bastelmaterialien einwerfen können. Für viele ist dies eine Selbstverständlichkeit.

Ressourcen ausschöpfen: Generell gilt, die Ressourcen der Gemeindeglieder zu nutzen. Zum Beispiel benötigt man für einen Weihnachtsgottesdienst häufig viele Lichtergläser. Hier kann man schon früh zum Sammeln von passenden Gläsern aufrufen, das verhindert den Einkauf. Nebenbei wird durch solche Aktionen ein Erlebnisgottesdienst nach und nach zu einer gemeinsamen Sache, weil viele Menschen etwas dazu beitragen können.

Aufbau der einzelnen Erlebnisgottesdienste und ihre theoretischen Grundlagen

Von ihrer Thematik her sind die Erlebnisgottesdienste den einzelnen Jahreszeiten zugeordnet (siehe Inhaltsverzeichnis) und greifen die wichtigsten Feste unseres Kirchenjahres sowie für die Kinder relevante Themen auf. So kann man einmal im Monat einen Erlebnisgottesdienst feiern.

Jeder Entwurf ist nach dem gleichen Grundschema aufgebaut.

Hier noch einige Erläuterungen dazu:

Steckbrief des Erlebnisgottesdienstes

Der Steckbrief soll dazu dienen, möglichst knapp einen guten Überblick über den Erlebnisgottesdienst zu geben. Er umfasst folgende Punkte:

Bibelstelle: genaue Versangabe

Zielgedanke: Hier wird die Botschaft des Erlebnisgottesdienstes klar in einem Satz formuliert.

Kurzbeschreibung Anspiel: Eine kurze Einführung in das Anspiel.

Kurzbeschreibung der Aktionen: Hier wird aufgezählt, was mit den Kindern im Erlebnisgottesdienst aktiv gemacht wird, zum Beispiel das Legen eines Bodenbildes, Beteiligungen beim Anspiel, Spiele und Bastelarbeiten.

Mindestanzahl an Mitarbeitenden: Übersicht über die unbedingt benötigte Anzahl der Mitarbeitenden. Diese Zahl ergibt sich aus der Anzahl der beim Anspiel benötigten Rollen, dem Aufwand der Bastelarbeiten/Spiele, der Liturgie und der musikalischen Begleitung. Nicht für jede Aufgabe während des Erlebnisgottesdienstes braucht man einen eigenen Mitarbeiter / eine eigene Mitarbeiterin. Vieles kann auch doppelt vergeben werden.

Materialaufwand: Die Anzahl der Materialien wird mithilfe von Symbolen angezeigt:
: hoher Materialaufwand
: mittlerer Materialaufwand
: geringer Materialaufwand

Vorbereitungsaufwand: Der Aufwand wird mithilfe von Symbolen angezeigt:

 : hoher Vorbereitungsaufwand. Zur Durchführung des Gottesdienstes muss sehr viel hergerichtet und auch selbst hergestellt werden.

 : mittlerer Vorbereitungsaufwand. Zur Durchführung müssen viele Materialien gerichtet werden. Eine Herstellung ist jedoch nicht erforderlich.

 : geringer Vorbereitungsaufwand. Es muss nur wenig gerichtet und zusammengesucht werden.

Materialliste

Hier werden die benötigten Materialien für den Gottesdienst tabellarisch aufgeführt. Diese Liste steht auch als Download zur Verfügung und kann somit ausgedruckt und bei den Vorbereitungstreffen verwendet werden.

Erlebnisgottesdienst-Vorbereitung

Hier werden die Vorbereitungen aufgezählt, die speziell für diesen Erlebnisgottesdienst erledigt werden müssen. Das Proben des Anspiels und die Herstellung von Einladungsbriefen, Plakaten, Flyern und Programmblättern sowie das Verteilen und Verschicken von Briefen, Plakaten und Flyern setze ich hier bereits voraus.

Quellen der Lieder

An dieser Stelle werden die Lieder der Reihenfolge nach aufgezählt. Mithilfe von Titel, Interpret, verschiedenen Quellen und deren Nummern wird die Suche nach den Noten erleichtert. Es ist besonders wichtig, immer auf die rechtlichen Bestimmungen, vor allem bei Abdruck und Vervielfältigung, zu achten. Im Anhang (siehe S. 172) findet man die ausführlichen Angaben zu allen verwendeten Liederbüchern.

Vorlagen, Fotos von Beispielen

Manche Bodenbilder, Bastelaktionen und spielerischen Aktionen werden besser verstanden, wenn man ein Foto als Erklärung dazu hat. Ist dies der Fall, wird an dieser Stelle auf den Download zum Buch verwiesen. Sind für die Durchführung des Erlebnisgottesdienstes besondere Vorlagen nötig, wird auch dies mit dem Hinweis auf den Downloadbereich vermerkt.

Kurzauslegung des Bibeltextes

Damit das Thema des Erlebnisgottesdienstes für alle Mitarbeitenden zu einem eigenen Thema wird, ist es sinnvoll, sich als Team vorher selbst mit dem Bibeltext zu befassen. An dieser Stelle gebe ich als Hilfe dazu tiefergehende Informationen zum Bibeltext. Folgende Schritte werden anhand des POZEK-Schlüssels behandelt:

Der POZEK-Schlüssel

Versangabe und Quelle der Informationen

Personen (= P): Wer kommt im Text vor? Die Personen werden kurz vorgestellt.

Ort (= O): Wo spielt die Geschichte? Hier wird der Ort des Geschehens, soweit er von Bedeutung und festzustellen ist, beschrieben.

Zeit (= Z): In welcher Zeit spielt die Geschichte? Wenn die Tageszeit/Uhrzeit eine Rolle spielt, wird eine genaue Zeitangabe gemacht. Manche Texte lassen sich aber von ihrer Entstehung und Handlung her nicht eindeutig zeitlich einordnen.

Ereignis (= E): Kurzzusammenfassung der Geschichte. Was ist passiert und warum? Wie habe ich das zu verstehen? Hier wird die Geschichte mit Hintergründen kurz skizziert.

Kernaussage (= K): Was sagt der Text aus? Hier wird der Kerngedanke genannt.

(Vgl. Kretzschmar, Thomas (Hg.): Denk mal – Arbeit mit Kindern von 3 bis 12 Jahren entwickeln und gestalten, Born-Verlag, Kassel 2009, S. 102 f.)

Mit den Augen der Kinder sehen

Um eine biblische Geschichte kindgerecht zu erzählen, muss man den Bibeltext mit den Augen der Kinder betrachten. Hierfür gibt es in der Religionspädagogik eine sehr hilfreiche Methode, welche sich auch für die Vorbereitung von Erlebnisgottesdiensten eignet: die sogenannte Elementarisierung (vgl. z. B.: Mendl, Hans: Elementarisierung lernen. In: Jahrbuch der Religionspädagogik 18 (2002), 63-73). Sie hat die didaktische Vereinfachung eines Inhalts zum Ziel, sodass das Grundlegende und Wesentliche eines Textes von den Kindern entsprechend ihrer eigenen Möglichkeiten erfasst werden kann. Diese Elementarisierung wird nach verschiedenen Gesichtspunkten angestrebt. Ich möchte hier vier davon erläutern. Für ein besseres Verständnis verdeutliche ich die Fragen am Beispiel der Schöpfungsgeschichte. Dieser Teil führt zur Festlegung des Themas und bestimmt die gesamte Vorgehensweise im jeweiligen Erlebnisgottesdienst.

Elementare Strukturen

Was ist die grundlegende Struktur des Themas? Diese Frage beantwortet sich durch eine sach- und fachgerechte Beschäftigung mit dem Text und seinen Aussagen durch den Vorbereitenden / die Vorbereitende (Sachanalyse). Sie besteht daher vor allem in einer fundierten Auslegung des Bibeltextes, der dann auch noch einmal aus dem Blickwinkel der Kinder zu betrachten ist. Worum geht es im Eigentlichen? Dies kann hier nur sehr verkürzt dargestellt werden, denn die Hauptsache sind die Gottesdienste selbst.

Bezüglich der Schöpfungsgeschichte bedeutet das im Ergebnis: Es geht dem biblischen Text darum, herauszustellen, dass Gott die Welt geschaffen hat. Hinter allem, was auf der Erde lebt und wächst, steht Gottes Schöpferkraft.

Elementare Erfahrungen

Nach der Ermittlung der elementaren Struktur wird nun nach den Erfahrungen der Kinder mit dem Thema gefragt. Die Kinder werden also in ihrer Erlebniswelt abgeholt und mit in das Geschehen hineingenommen. Dadurch wird das Thema für sie verständlich.

Bezüglich der Schöpfungsgeschichte bedeutet das: Es geht um die Erfahrungen, die die Kinder bereits in der Natur gemacht haben, und um ihre Freude an dem, was sie bereits in der Schöpfung erlebt haben. Dies ist der Anknüpfungspunkt an das Thema.

Elementare Zugänge

Bei der Ermittlung der elementaren Zugänge geht es um das Verstehen der Kinder. Kinder haben einen anderen Erfahrungshorizont als Erwachsene. Sie sehen die Welt mit anderen Augen und verstehen die Dinge anders. Das gilt natürlich auch für biblische Geschichten. Eine gute Grundlage, die Zugänge der Kinder zu verstehen, bietet die Entwicklungspsychologie. Friedrich Schweitzer stellt in diesem Zusammenhang „Aspekte der Glaubensstufen" zusammen (vgl. Schweitzer, Friedrich: Lebensgeschichte und Religion. Religiöse Entwicklung und Erziehung im Kindes- und Jugendalter, Gütersloher Verlagshaus, Gütersloh [6]2007, S. 142 ff.). Diese werde ich bei jedem Erlebnisgottesdienstentwurf auf das Thema hin anwenden und mit ihrer Hilfe erklären, wie die Kinder Zugänge zur biblischen Geschichte finden können.

Allgemein kann man an dieser Stelle bereits dazu sagen: Kinder im Krabbelalter erleben die Welt vor allem über ihre Sinnesorgane. Das macht deutlich, warum Erlebbarkeit und Visualisierung der Themen unabdingbar sind. Im Kindergartenalter haben die Kinder ihre eigene Logik. Oft vermenschlichen sie Dinge und Gegenstände. Sie vertrauen unsichtbaren Mächten und erklären sich so die Welt. Dass jemand eine andere Meinung haben könnte, können sie nicht verstehen.

Bezüglich der Schöpfungsgeschichte bedeutet das: Die Kinder finden ihren Zugang durch Erleben. Sie sollen die Schöpfung fühlen und riechen: die Erde, das Gras, die Blumen. Für sie besteht kein Zweifel darin, dass Gott etwas sagt und das dann auch passiert.

Elementare Wahrheit

Aus all diesen Überlegungen ergibt sich die Frage nach der elementaren Wahrheit. Was ist das Wichtigste an dem Thema für die Kinder unter Betrachtung aller anderen Wahrheiten?

Bezüglich der Schöpfungsgeschichte bedeutet das: Die elementare Wahrheit ist, dass Gott die Welt wunderschön und zum Anfassen gemacht hat.

Es wird deutlich: Die Elementarisierung hilft uns dabei, den Blick der Kinder einzunehmen. Auch wenn man manchmal nicht alle Fragen dieser Methode beantworten kann, so verhilft sie doch, das Thema unter dem Gesichtspunkt der Kinder zu betrachten.

Alle Erlebnisgottesdienstentwürfe habe ich mit dieser Methode entwickelt. Bei jedem Entwurf werde ich die einzelnen Schritte kurz beleuchten, um so die Vorgehensweisen im Erlebnisgottesdienst zu begründen.

Erlebnisgottesdienst-Ablauf

Hier wird der Erlebnisgottesdienst in seiner Abfolge vorgestellt. Jeder Gottesdienst ist so ausgearbeitet, dass lediglich das Material besorgt und die Vorbereitungen für Anspiel und Aktionen getroffen werden müssen. Er beginnt immer mit einem Instrumentalvorspiel („Wir hören auf die Musik"). Der Ablauf ist in Überschriften untergliedert, die man gern auch für das Programmblatt verwenden darf. Sie sind kindgerecht formuliert, sodass bereits Leseanfänger sie verstehen können. Jeder Erlebnisgottesdienstentwurf beinhaltet somit Folgendes:

- Begrüßungstext
- passende Gebete
- das Anspiel als Kernstück eines jeden Erlebnisgottesdienstes
- Lieder: die vorgeschlagenen Lieder passen zum Thema und sind als Empfehlung zu verstehen
- Aktionen: Beschreibungen der Spiele und Erläuterungen der Bastelarbeiten

Bei der Durchführung möchte ich dazu ermutigen, die Anspiele und Lieder möglichst gut einzustudieren. So ist es freier, spontaner und mitreißender als beim Ablesen der Texte.

Christiane Fauth

Christiane Fauth, Dezember 2016

Gott, du hast uns deine Welt geschenkt

Bibelstelle: 1. Mose / Genesis 1,1 – 2,4
Zielgedanke: Die Kinder sollen erleben, dass Gott die Welt wunderbar geschaffen hat. Hinter allen Lebewesen auf der Welt steht die Handschrift Gottes.
Kurzbeschreibung Anspiel: Die Handpuppe Paula und das Kind Olli sitzen auf dem Dachboden und finden einen Globus. Dadurch kommt bei ihnen die Frage auf, wie die Welt entstanden ist. Gemeinsam lesen sie es in der Kinderbibel nach.
Kurzbeschreibung Aktionen: Nach jedem Schöpfungstag helfen die Kinder, die Welt aufzubauen. Es entsteht ein großes Bodenbild, indem sie z. B.:

- den Himmel und die Wolken legen
- Sand als Land aufschütten
- Wasser für das Meer in Behälter gießen
- Tiere auf das Land setzen

Mindestanzahl Mitarbeitende (6):

- 2 Personen für das Anspiel
- 2 Helfer/Helferinnen für die Materialausgabe
- 1 Musiker/Musikerin
- 1 Person für die Gottesdienstleitung

Materialaufwand:
Vorbereitungsaufwand:

Materialliste

- Wiesenblumenstrauß
- Kisten, Koffer usw., zum Teil mit Inhalt (z. B. Tücher)
- Handpuppe Paula
- Taschenlampe
- Globus, wenn möglich mit Licht
- Kinderbibel (eventuell Beamer und Computer)
- Laminiergerät, buntes Papier, Transparentpapier
- Bodenlaterne mit Kerze und Streichhölzern (die Laterne sollte geschlossen sein, da die Sonne dagegengestellt wird)
- große Plane
- blaue Tücher für den Himmel (z. B. Organzatücher)
- Körbe mit Watte für die Wolken
- blaue Müllbeutel (diese aufschneiden und eine Hälfte der Erde als Wasser damit auslegen)
- Glasschüsseln, Kindergießkannen und Babybadewannen gefüllt mit Wasser
- Eimer mit Sand, Eimer mit Steinen, Schaufeln
- Körbe mit Blumen, Blättern, Früchten, Ästen (man kann den örtlichen Blumenladen fragen, oft gibt es am Ende des Tages Blumenverschnitt, den sie kostenlos weitergeben)
- Sonne, Mond und Körbe mit Sternen (Sonne und Mond selbst basteln: Die Sonne mit Transparentpapier in der Mitte gestalten, damit das Licht der Laterne durchscheinen kann. Als Sterne eignen sich alle möglichen Weihnachtssterne wie z. B. Strohsterne.)
- Körbe mit Fischen und Vögeln aus Papier (Die Fische auf buntem Papier ausdrucken und einlaminieren, da die Kinder sie auch in die Wasserschüsseln legen.)

- Körbe mit Landtieren (z. B. von Schleich®, Playmobil®)
- Menschen (zwei Kinder auf Plakatrolle legen, abmalen und ausschneiden)
- Stempelkissen
- feuchte Tücher zum Händeabwischen

Erlebnisgottesdienst-Vorbereitung

- Sammeln der Naturmaterialien und der sonstigen benötigten Gegenstände (siehe Materialliste).
- Aufbauen der Bühne mithilfe von Umzugskisten, einem Globus, einer Sitzgelegenheit.
- Herrichten der Gegenstände, die in die Umzugskisten hineinsortiert werden. So kann Olli aus dem Anspiel alle Dinge auf dem Dachboden finden. Es soll ein großes Durcheinander sein.
- Den Raum so bestuhlen, dass genug Platz ist für das große Bodenbild und auch für die Kinder, die das Bodenbild aufbauen sollen.
- Besen und Wischer bereitstellen, damit im Notfall Wasser aufgewischt werden kann.
- Fotoliste auslegen, in welche sich die Gottesdienstbesucher eintragen können, um ein Foto des Bodenbildes im Nachhinein zu erhalten.

Quellen der Lieder

Einfach Spitze (Daniel Kallauch)
- Du bist Herr Kids 1, Nummer 33
- Einfach Spitze, Nummer 1
- Feiert Jesus! Kids – Liederbuch, Nummer 1
- Kinder feiern Jesus, Nummer 3
- Kommt und singt – Liederbuch für die Jugend, Nummer 193

Du hast uns deine Welt geschenkt (Rolf Krenzer / Detlef Jöcker)
- Evangelisches Gesangbuch, Regionalteile
- Feiern und Loben, Nummer 499
- Kommt und singt – Liederbuch für die Jugend, Nummer 631

Er hält die ganze Welt (Spiritual)
- Du bist Herr Kids 1, Nummer 38
- Kommt und singt – Liederbuch für die Jugend, Nummer 610

Der Vater im Himmel segne dich (Segenslied) (Mike Müllerbauer)
- Einfach Spitze, Nummer 150
- Feiert Jesus! Kids – Liederbuch, Nummer 173

Vorlagen, Fotos von Beispielen

Die Fotos des Bodenbildes liegen als Download vor.

Kurzauslegung des Bibeltextes

1. Mose / Genesis 1,1 – 2,4

Quellen dieser Informationen:
Schmitt Dr., Hans-Christoph: Artikel Schöpfung. In: Calwer Bibellexikon, Stuttgart 2003, Bd. 2, S. 1203.
Bräumer, Hansjörg: Das erste Buch Mose. In: Maier, Gerhard / Pohl, Adolf: Wuppertaler Studienbibel, SCM R.Brockhaus, Wuppertal 2008, S. 36 ff.
Diana Göbel, Die Entstehung des Lebenshauses in sechs Tagen, unter: www.bibelwissenschaft.de/bibelkommentar/beitraege-im-obk, letzter Zugriff am 30.12.2016.

Personen

Gott ist der allein Handelnde. Außer ihm ist niemand da. So wird deutlich, dass alles, was es auf der Erde gibt, ihm allein gehört, und alles durch ihn geschaffen wurde.

Ort

Am Anfang herrschte auf der Welt ein „tohu wabohu". „Tohu" bedeutet „Wüste", „Bohu" bedeutet „Leere". Zu Beginn ist die Erde dieser Beschreibung nach eine leblose, finstere Wüste, unheimlich und durcheinander. Nach und nach entsteht eine Welt, die geordnet ist und ihren von Gott bestimmten Gesetzmäßigkeiten folgt. Am Ende der Geschichte sieht Gott seine Schöpfung als „sehr gut" (Vers 31) an, als perfekt.

Zeit

Die Erschaffung der Welt wird kunstvoll in sieben Szenenbildern dargestellt. Jeder Schöpfungsabschnitt beginnt mit dem Morgen und schließt die jeweilige Schöpfungstätigkeit mit dem Abend ab. Jeweils wird hervorgehoben, dass Gott sah, dass es gut war. Wie ein Lied mit Kehrvers ist die Erzählung dadurch rhythmisch gestaltet.

Ereignis

Gott erschafft die Welt allein durch sein Wort. Das göttliche Schaffen beinhaltet sowohl das Anfangsgeschehen als auch die göttliche Erhaltung der Schöpfung. Das abschließende Werk der Schöpfung ist die Erschaffung des Menschen (Verse 26 ff.). Dieser wird als Mann und Frau geschaffen und ist aus der ganzen Schöpfung hervorgehoben, weil er gottebenbildlich ist. Das bedeutet: Er wirkt an der Schöpfungstätigkeit Gottes mit. Mit Gott soll er dafür Sorge tragen, dass Leben bewahrt wird und sich entfalten kann. Deshalb wird er gesegnet (Vers 28) und beauftragt, Gottes Geschöpfe zu versorgen. Ganz am Schluss ruht Gott sich aus, freut sich an seinem Werk und heiligt den siebten Tag (1. Mose / Genesis 2,2-3). Er setzt ihn als einen Tag ein, an dem die Menschen ihn anbeten sollen.

Kernaussagen

- Gott hat alles durch sein Wort gemacht.
- Alles, was auf der Erde wächst und lebt, gehört Gott und trägt seine Handschrift.
- Wir haben den Auftrag, Gottes Schöpfung zu bewahren, zu erhalten und zu pflegen.
- Wie Gott nach seinen Schöpfungswerken ruhte, sollen auch wir einen Tag nutzen, um uns auf Gott auszurichten, ihn in seiner Schöpfung zu entdecken und zu preisen und selbst zur Ruhe zu kommen.

Mit den Augen der Kinder sehen

Elementare Strukturen

Alles, was auf der Erde lebt und wächst, hat Gott geschaffen. Wir können seine Werke betrachten und uns daran freuen. Dadurch haben wir aber auch den Auftrag, sorgsam damit umzugehen und alles gut zu versorgen.

Elementare Erfahrungen

Erfahrung mit der Schöpfung machen kleine Kinder jeden Tag. Sie freuen sich, wenn sie eine kleine Ameise oder eine Schnecke am Wegesrand entdecken. Kinder sind begeistert von dem, was sie in der Natur finden, und können jeden Tag neue Schätze darin entdecken.

Elementare Zugänge

Kinder im Alter von null bis fünf Jahren lernen vor allem über ihre Sinnesorgane. In diesem Erlebnisgottesdienst soll es möglich sein, Schöpfungswerke anzufassen, zu riechen und zu erkunden. Die Kinder zweifeln nicht daran, dass Gott die Macht hat, aus dem Nichts alles zu schaffen. Sie erklären sich in diesem Alter die Welt mit Hilfe von unsichtbaren Mächten, christlich sozialisierte Kinder auch mit Hilfe von Gottes uneingeschränkter Macht. Dadurch muss auf die Frage nach dem „Wie geht das?“ in diesem Erlebnisgottesdienst nicht eingegangen werden.

Elementare Wahrheit

Gott hat die Welt mit Liebe und Kreativität geschaffen. Alle Dinge, die darin leben und wachsen, sind wertvoll und enthalten Gottes Handschrift.

Erlebnisgottesdienst-Ablauf

Wir hören auf die Musik

Wir werden begrüßt

Hallo! Schön, dass ihr alle da seid! Schaut mal (zeigt einen Wiesenblumenstrauß), was ich heute auf dem Weg hierher gefunden habe: wunderschöne Blumen! Sie riechen köstlich! Und wisst ihr, wer sie gemacht hat? Gott! Das ist doch toll! Ich bin gespannt, was Gott noch alles gemacht hat!

Darum wollen wir diesen Gottesdienst im Namen Gottes feiern (nach oben zeigen), der uns liebt (ein Herz aus den Händen formen), der uns beschützt (Arme wie einen Schirm über den Kopf halten) und der uns von allen Seiten umgibt (einmal im Kreis drehen), Amen (Hände falten).

Es ist einfach Spitze, dass ihr da seid! Mit dem Lied wollen wir uns jetzt gegenseitig begrüßen!

Wir singen gemeinsam

Einfach Spitze

Wir beten gemeinsam

(Vor dem Beten wird der Kehrvers mit den Kindern geübt.)

Mitarbeiter/Mitarbeiterin: Lieber Gott, heute sind wir hierhergekommen, um uns mit dir zu freuen! Wir sehen draußen die Sonne aufgehen, wir fühlen die warme Luft, wir hören das Zwitschern der Vögel! Wir wollen dich loben:

Alle: (Kehrvers) Ich kann lachen (mit den Händen am Mund das Lachen formen),
ich kann springen (in die Luft springen),
und auch tolle Lieder singen (vor dem Mund die Hände zu einem Sprechrohr formen).
Du hast fest an mich gedacht (mit dem Zeigefinger von der Stirn in den Himmel zeigen),
und mich ganz toll gemacht (beide Hände nach oben strecken)!

Mitarbeiter/Mitarbeiterin: Gott, du hast uns so viel geschenkt: Ich habe eine Mama, ich habe einen Papa, einen Freund und eine Freundin, die mich mögen! Wir können zusammen spielen, wir können uns trösten, wir können uns vertragen. Wir wollen dich loben:

Alle: Ich kann lachen ...

Mitarbeiter/Mitarbeiterin: Gott, danke, dass du die Welt so schön gemacht hast! Danke, dass wir zu essen und zu trinken haben! Danke, dass du uns versorgst und wir nicht frieren müssen! Lass uns nie vergessen, dass du es gut mit uns meinst! Wir wollen dich loben:

Alle: Ich kann lachen ...
Amen (Hände falten)

Wir hören und sehen, wie Gott die Welt gemacht hat

(Während des Anspiels liest Olli aus einer Kinderbibel vor. Wer möchte, kann statt den hier geschriebenen Text zu verwenden auch gern direkt aus einer Kinderbibel vorlesen. Hierfür eignen sich Bibeln mit kurzer klarer Sprache, z. B.: De Kort, Kees: Meine Bilderbibel, Deutsche Bibelgesellschaft, Stuttgart 2000.)

Szene 1: Paula, Olli und die Erschaffung des Lichtes

(Alles ist still. Man hört ein Gähnen in einem Koffer. Paula, die Handpuppe, wacht auf.)

Paula: Hatschi, puh ist das staubig hier auf dem Dachboden. Da muss ich immer niesen. HAAATSCHI! Was hier alles so rumsteht. (Sie schaut sich um.) Moment, ich fühl mich beobachtet. Bin ich denn gar nicht allein? Sind denn auch Kinder da? (Pause) Nein? Ich habe gar nichts gehört! Sind denn auch Kinder da? (Pause) Das ist ja spitze, dass ihr da seid! Kommt, wir singen das Lied noch einmal!

Wir singen gemeinsam: Einfach Spitze (Paula macht mit.)

Paula: Ich hab' mir überlegt, ich schnüffle heute ein bisschen hier auf dem Dachboden rum. Da gibt's immer was zu entdecken! Neulich habe ich sogar eine Taschenlampe gefunden! Irgendwo in meinem Koffer hab' ich sie doch noch versteckt! (Sie sucht danach.) Ahh, da ist sie ja! Schaut mal! Damit kann ich leuchten! Super, oder? Jetzt leuchte ich mal in die Kisten rein, die da rumstehen. Ob da wohl was drin ist? (Sie macht eine Kiste auf.) Ahhh, mh ... ohhh ... (Sie beschreibt kurz, was sie sieht.) Ne, die ist leer. (Sie nimmt sich eine Kiste nach der anderen vor. Plötzlich hört man Schritte.) Oh, habt ihr das gehört? Da kommt jemand! Schnell, ich verstecke mich!

(Olli kommt pfeifend angelaufen; Paula versteckt sich. Olli kramt in den Kisten. Paula erschreckt ihn.)

Paula: Buh!

Olli: (erschrickt) Paula, hast du mich erschreckt! Was machst du denn hier?

Paula: Ja, Olli, das wüsstest du wohl gern. Aber was machst du denn hier?

Olli: Ich suche den Globus von meiner Oma.

Paula: Globus? Ein Klo, das Bus fährt? Also, hier oben fahren keine Busse!

Olli: Aber nein, Paula! Ein Globus ist eine Weltkugel, die zeigt, wie unsere Welt aussieht, auf der wir leben!

Paula: Olli, schau doch einfach aus dem Fenster! Da siehst du, wie es auf der Welt aussieht!

Olli: Aber der Globus zeigt alles auf einmal! So, als wenn man von gaaaaanz weit oben darauf blickt!

Paula: Also Olli, das ist ja spannend! Ich helfe dir! Ich habe eine Taschenlampe! Damit finden wir diesen Bus Glo bestimmt!

Olli: Globus, Paula!

(Sie suchen weiter.)

Paula: Da ist was! Wie ein bunter Ball!

(Sie packen den Globus aus, stecken ihn in die Steckdose und schalten ihn an.)

Paula: Wow! Das sieht ja toll aus! Und da wohnen wir?

Olli: Da wohnen alle Menschen!

Paula: Ehrlich? So sieht das aus, wenn man ganz über den Wolken fliegt und runterschaut?

Olli: Ja. Wirklich. Das ist unsere Welt!

Paula: Wow! Das ist ja schön! – Du Olli, sag mal, wer hat denn eigentlich die Welt so schön gemacht?

Olli: Das steht in der Bibel! Da können wir nachlesen, dass Gott die Welt gemacht hat!

Paula: Das will ich unbedingt wissen!

Olli: Na dann setz dich mal hin und gib mir noch mal deine Taschenlampe. Hier oben muss doch irgendwo auch meine alte Kinderbibel sein ... Ahhh, da ist sie ja!

(Olli hat eine Kinderbibel in der Hand, aus der er vorliest. Wer möchte, kann parallel dazu Bilder aus einer Kinderbibel an die Wand projizieren.)

Olli: Ich fang jetzt an zu lesen: Ganz am Anfang schuf Gott Himmel und Erde. Es war noch finster, leer und unheimlich. Gott machte es hell und schuf unsere Erde, wie wir sie kennen. Alles, was es gibt, kommt von Gott.

Paula: Finster? Was ist das?

Olli: Das bedeutet, es war ganz dunkel.

Paula: Das heißt, man konnte gar nichts sehen?

Olli: Macht mal alle die Augen zu und haltet die Hände davor. So! (zeigt es) Und was seht ihr?

Paula: Gar nichts, bei mir ist es nur schwarz. Und bei euch, Kinder? (Pause)

Olli: Genauso war es am Anfang auf der Welt.

Paula: Da konnte man ja gar nichts sehen!

Olli: Nein, gar nichts. Aber das ist ja nicht so geblieben. Sonst könnte ich ja jetzt gar nichts lesen! Pass auf, es geht weiter: Gott schaute sich die Erde an und sagte: Es soll Licht geben! Und da wurde alles hell. Und das gefiel Gott gut.

Paula: Was? Gott sagt einfach was und dann wird das? Der sagt, das Licht soll angehen und dann geht das an?

Olli: Ja, wenn Gott was sagt, dann passiert das auch gleich!

Paula: Also, wenn Gott sagen würde, hier soll ein leckerer Schokoladenkuchen sein, dann wäre er auf einmal da und ich könnte ihn essen?

Olli: Ja, wenn er das sagen würde, wäre es so.

Paula: Manno, warum kann ich das nicht?

Olli: Das kann nur Gott. Wenn er etwas sagt, dann hat das viel Kraft! Es passiert einfach! So ist dann auch einfach das Licht auf der Erde angegangen!

Paula: Wow! Das ist ja toll!

Olli: Weißt du was, Paula! In der Geschichte, da passiert so viel! Lass uns ein Bild auf den Boden machen, damit wir uns das alles merken können!

Paula: Das ist eine prima Idee!

Olli: Dann zünde ich jetzt einfach eine Kerze an! Findest du eine?

(Paula schaut in die Kisten und findet eine Laterne mit Kerze und Streichhölzer.)

Paula: Hier!

Olli: Mag jemand von euch mit mir zusammen die Kerze anzünden?

(Olli zündet gemeinsam mit einem Kind die Kerze an.)
Olli: Und jetzt lernen wir noch ein Lied dazu!
(Olli spricht den Text vor, dann mit den Kindern gemeinsam.)

Wir singen gemeinsam: Du hast uns deine Welt geschenkt, Strophe 9

Szene 2: Erschaffung des Himmels

Paula: Und wie geht es weiter?
Olli: Jetzt lass uns lesen, was in der Bibel weiter steht: Gott schaute sich die Erde an. Dann sagte er: „Es soll einen Himmel geben! An dem Himmel soll es Wolken geben, die umherziehen!" Und Gott gefiel das gut!
Paula: Jetzt hat Gott den Himmel gemacht?
Olli: Ja genau. Und die Wolken!
Paula: Ich möchte auch einen blauen Himmel haben. Und ein paar Wolken am Himmel!
Olli: Dann lass uns doch Tücher und Watte suchen!
(Sie finden ein großes blaues Tuch und einen Korb voll Watte. Paula und Olli breiten das große blaue Tuch auf dem Boden aus.)
Olli: Alle, die möchten, können jetzt gern Himmel und Wolken legen. Wenn die Musik anfängt zu spielen, dann setzen wir uns alle wieder hin.

Aktion 1: Himmel bauen

Alle Kinder legen Wattewolken auf den Himmel. Wenn sie fertig sind, fängt die Musik an zu spielen und alle setzen sich wieder hin.
Material: Körbe mit Watte

Wir singen gemeinsam: Du hast uns deine Welt geschenkt, Strophe 1

Szene 3: Land, Wasser und Tiere

Paula: Das sieht aber schön aus! Und was hat Gott jetzt gemacht?
Olli: Du bist aber ganz schön neugierig! Ich lese mal weiter: Gott schaute sich die Erde an. Überall war Wasser. Gott sagte: „Das Wasser soll zu Flüssen, Seen und Meeren werden. Es soll viele Stellen geben, die trocken sind!" Und so erschuf Gott Land und Meer. Und es gefiel ihm gut.
Paula: War denn am Anfang überall Wasser?
Olli: Das war ein ganzes Durcheinander, ein Tohuwabohu. Da musste Gott erst einmal aufräumen.
Paula: Wie ich immer in meinem Kinderzimmer?
Olli: So ungefähr. Aber pass auf, es geht noch weiter: Gott schaute sich das Land an. Er sagte: „Es sollen Blumen blühen, es sollen Wiesen wachsen, alles soll grün und bunt werden! Er machte die Bäume und alle Pflanzen auf der Erde. Und es gefiel ihm gut.
Paula: Jetzt hat Gott wie ein Gärtner ganz viele Blumen gepflanzt?
Olli: Ja, jetzt gab es Wasser und Land und Wiesen und Bäume und Äpfel und Bananen und alles, was wir uns nur vorstellen können!

Paula: Ich will auch, dass unser Bild so bunt wird!

Olli: Ja, dann fangen wir mal an! Hier sind Wasserschüsseln. Da könnt ihr Wasser hineingießen, dann wird es ein richtiges Meer. Dort sind Sand und Steine – auf diese Seite kommt das Land. Da könnt ihr ganz viel draufschaufeln. Und hier sind lauter bunte Blumen, Blätter, Früchte! So könnt ihr es am Land so richtig schön bunt machen! Los, fangt an!

Aktion 2: Erde, Wasser und Blumen

Gemeinsam mit Paula und Olli wird unter dem Himmel eine große Plane ausgelegt. Auf einer Seite werden blaue Mülltüten ausgebreitet und leere Glasschüsseln daraufgestellt. Es werden auf die Seiten mit den Mülltüten Babybadewannen mit Wasser und Kindergießkannen bereitgestellt. Die Kinder dürfen mithilfe der Kindergießkannen Wasser in die Schüsseln gießen. Auf die andere Seite werden Eimer voll Sand, Schaufeln und Eimer voll Steine gestellt. Die Kinder dürfen mit den Schaufeln Sand auf die Plane schütten und Steine legen. Danach dürfen sie Blumen, Äste usw. auf den Sand und die Steine legen. Wenn die Musik anfängt, setzen sich alle wieder hin.

Material: große Plane, blaue Mülltüten, leere Glasschüsseln, Babybadewannen mit Wasser, Kindergießkannen, Eimer gefüllt mit Sand und Steinen, Schaufeln, Körbe mit Blumen, Ästen, Blättern, Moos, Obst usw.

Wir singen gemeinsam: Du hast uns deine Welt geschenkt, Strophe 1, 2 und 4

Szene 4: Sonne, Mond und Sterne

Paula: Und wann ist die Welt fertig?

Olli: Aber Paula, da fehlt doch noch ganz viel! Schau mal zum Himmel!

Paula: Da sind Wolken! Aber ... Was fehlt denn da noch?

Olli: Ich lese schnell weiter: Gott schaute sich die Erde an. Er sagte: „Es soll ein Licht für den Tag geben – die Sonne! Es sollen Lichter in der Nacht durch die Dunkelheit scheinen – der Mond und die Sterne!“ So erschuf Gott Sonne, Mond und Sterne. Und es gefiel ihm gut.

Paula: Stimmt! Die Sonne fehlt noch!

Olli: Schau mal! Hier habe ich eine!

(Olli holt eine Sonne hervor und stellt sie vor die Laterne mit der Kerze.)

Paula: Und nachts kommen die Sterne. Sag mal, wie viele Sterne hat Gott eigentlich gemacht?

Olli: Oh, ich glaube, das weiß nur Gott allein. Ich habe es noch nie geschafft, alle zu zählen.

Paula: Ich will auch Sterne am Himmel haben und einen Mond!

Olli: Irgendwo in einer Kiste müssen noch Sterne von Weihnachten sein. (Olli schaut in die Kisten rein.) Ah da! Und ein Mond! Schaut mal, jetzt könnt ihr Sterne auf den Himmel legen!

Aktion 3: Sterne legen
Es werden Körbe mit Sternen bereitgestellt. Die Kinder legen diese auf den Himmel. Wenn die Musik anfängt, setzen sich alle wieder hin.
Material: Körbe mit verschiedenen Sternen (z. B. Strohsterne)

Wir singen gemeinsam: Du hast uns deine Welt geschenkt, Strophe 3

Szene 5: Fische und Vögel
Paula: (betrachtet das Bild) Oh, wie schön das alles wird! So bunt und so hell! Das hat sich Gott ja wirklich gut ausgedacht! – Jetzt fällt mir auf, was noch fehlt!
Olli: Psst, Paula, nicht verraten! Ich lese weiter: Gott schaute auf das Meer und in den Himmel. Er sagte: „Es soll im Meer Tiere geben – Fische, Krebse, kleine und große Tiere, Muscheln und Seesterne!"
Paula: Auch die großen Haie? Und die Wale? Und die Robben und die Delfine?
Olli: Ja, alles! Ganz viele verschiedene Tiere, die im Wasser leben können.
Paula: Das kann Gott aber gut! Sich so viel ausdenken!
Olli: Da hast du recht! Aber es geht noch weiter: „In der Luft sollen viele Vögel fliegen!" So machte Gott alle Tiere im Wasser und in der Luft. Und es gefiel ihm gut!
Paula: Ich will auch auf unserem Bild Fische und Vögel!
Olli: Lass uns mal schauen, was wir auf dem Dachboden da alles finden!
(Olli und Paula schauen in die Kisten und finden Fische und Vögel.)
Olli: Hier, die Fische kommen ins Wasser und die Vögel an den Himmel! Ihr dürft sie alle verteilen!

Aktion 4: Fische und Vögel legen
Es werden Körbe mit Vögeln und Fischen bereitgestellt. Die Kinder legen die Fische ins Wasser und die Vögel an den Himmel. Wenn die Musik anfängt, setzen sich alle wieder hin.
Material: Körbe mit Vögeln und Fischen aus Papier (einlaminiert)

Wir singen gemeinsam: Du hast uns deine Welt geschenkt, Strophe 6

Szene 6: Landtiere
Paula: So viele schöne Tiere! Die schau ich mir auch immer gern im Zoo an! Aber auf unserem Bild gibt es ja noch gar keine Schafe und keine Kühe! Wo sind die denn hin? Hat Gott die später gemacht?
Olli: Jetzt warte, ich lese weiter: Gott schaute sich das Land an. Er sagte: „Auch hier soll es viele Tiere geben!" Und er schuf die Kühe, Schafe, Ziegen und alle Tiere, die es auf der Erde gibt. Und es gefiel ihm gut.
Paula: Juchuu! Jetzt darf ich auch Tiere auf die Erde stellen? Gaaanz viele!
Olli: Ja, das machen wir jetzt!

Aktion 5: Tiere auf die Erde stellen

Es werden Körbe mit Tieren bereitgestellt. Paula und die Kinder stellen sie auf die Erde. Wenn die Musik anfängt, setzen sich alle wieder hin.

Material: Körbe mit Landtieren (z. B. von Playmobil®, Schleich®)

Wir singen gemeinsam: Du hast uns deine Welt geschenkt, Strophe 7

Szene 7: Der Mensch

Paula: Jetzt ist sie fertig! Unsere Welt!

Olli: Was? Da fehlt doch noch was ganz Wichtiges!

Paula: Was denn? Ist doch alles schon voll!

Olli: Wer weiß, was noch fehlt? Ich weiß es!

(Die Kinder dürfen Antworten geben.)

Olli: Na, dann schauen wir mal. Ich lese schnell weiter: Gott schaute die Erde an. Dann sagte er: „Es soll Menschen geben! Sie sollen wunderschön und mir ähnlich sein.“ So machte Gott den Menschen, dich und mich.

Paula: Was? Gott hat die Menschen auch gemacht? Mich auch?

Olli: Ja, dich auch!

Paula: Und dich auch?

Olli: Ja, mich auch!

Paula: Und die Kinder auch?

Olli: Ja, die Kinder auch?

Paula: Und die Großen auch?

Olli: Ja, die Großen auch! Alle Menschen!

Paula: Das ist ja was! Gott hat mich gemacht!

Olli: Ja! Und das ist toll!

Paula: Dann kann ich mich ja jetzt einfach auf unser Bild stellen!

Olli: Ja, das stimmt. Eigentlich schon! Nur unser Bild ist dafür zu klein.

Paula: Aber was machen wir denn da? Wir können uns ja auf unserem Bild nicht vergessen!

Olli: Schau mal, wir machen das so: Hier sind zwei Menschen aus Papier. Und als Zeichen dafür, dass damit auch jeder von uns gemeint ist, machen wir da einen Fingerabdruck drauf. Siehst du, so (zeigt es). Jeder Fingerabdruck ist anders. So wie Gott uns auch alle verschieden gemacht hat! Wollt ihr das auch machen?

Aktion 6: Fingerabdrücke stempeln

Es werden zwei aus Papier ausgeschnittene Figuren in die Mitte gelegt (ein Mädchen und ein Junge) und große Stempelkissen bereitgestellt. Die Kinder dürfen ihre Finger- oder Handabdrücke auf die Menschen stempeln. Wenn alle fertig sind, werden die zwei Figuren auf das Bild gelegt. Spielt die Musik, setzen sich alle.

Material: Papiermenschen, Stempelkissen, feuchte Tücher

Wir singen gemeinsam: Du hast uns deine Welt geschenkt, Strophe 8 und 9

Szene 8: Staunen und loben

Paula: Ohh, wie schön! Jetzt ist die Welt ganz bunt! Genauso wie auf dem Busglo.

Olli: Globus, Paula, das heißt „Welt“ auf lateinisch.

Paula: Ach so. Ach wie schön! Das muss ich mir jetzt erst einmal in Ruhe anschauen.

Olli: Das hat Gott auch gemacht. Hör mal zu: Gott schaute sich die Menschen an. Und die ganze Erde. Und es gefiel ihm sehr gut!

Paula: Na, das find ich aber auch, dass das alles wunderschön ist!

Olli: Und Gott sagte: „Jetzt ist alles fertig! Alles ist wunderschön! Jetzt ruhe ich mich aus!“ Und er sagte zu den Menschen: „Nach sechs Tagen Arbeit ruht auch ihr euch aus! Schaut an, wie schön alles ist und sagt dafür Danke!“ So war die Erde fertig.

Paula: Wow, das war aber eine schöne Geschichte! Wie viel wir da entdeckt haben! Darf ich jetzt auch ausruhen? Ich bin schon ganz müde geworden.

Olli: Ja, das möchte Gott doch sogar! Dass wir uns einen Tag in der Woche ausruhen! Dazu ist der Sonntag da!

Paula: Und was sollen wir da machen?

Olli: Vielleicht einfach spielen und rausgehen! Da gibt es doch alle Tiere und Blumen! Da können wir uns doch mit Gott freuen, dass alles so schön aussieht!

Paula: Au ja! Dann ruh ich mich jetzt aus und nachher gehe ich in den Wald! Da finde ich bestimmt viele tolle Sachen!

Olli: Das ist eine gute Idee! Und jetzt können wir Gott noch ein Dankeschönlied singen.

Wir singen gemeinsam

Er hält die ganze Welt

Wir beten für unsere Welt

Gott, du hast die ganze Welt so schön gemacht (eine Weltkugel mit den Händen formen)! Dafür wollen wir dir Danke sagen (gemeinsam „Danke“ sagen). Bitte hilf uns, dass wir gut auf die Erde aufpassen (Hände zu einer Schale formen)! Und zeige uns, wo wir anderen Menschen helfen können (einander die Hand geben). Wir beten „Vater unser ...“

Wir singen das Segenslied

Der Vater im Himmel segne dich

Wir empfangen Gottes Segen

Und so segne euch Gott, der euch gemacht hat, der euch liebt und der euch beschützt! Amen

Wir hören auf die Musik und gehen nach Hause

Am Ausgang kann eine Adressliste ausgelegt werden, in die sich die Kinder eintragen können, um Erinnerungsfotos von dem Bodenbild zugeschickt zu bekommen.

DER HERR IST AUFERSTANDEN!

Bibelstelle: Auszüge aus Matthäus 26 – 28, der Schwerpunkt liegt auf Matthäus 28,1-10
Zielgedanke: Die Kinder spüren die Osterfreude und erleben mit, dass an Ostern Jesus auferstanden ist.
Kurzbeschreibung Anspiel: Die Kinder Theo und Anna helfen ihrer Mutter, den Osterweg aufzubauen. Dabei erzählt die Mutter die Ostergeschichte: Theo und Anna lernen den Inhalt des Liedes „Der Herr ist auferstanden" kennen.
Kurzbeschreibung Aktionen: Nach jeder Szene legen alle Kinder passende Naturmaterialien auf den Osterweg. Am Ende ist ein buntes Bodenbild entstanden.
Mindestanzahl Mitarbeitende (6):

- 3 Personen für das Anspiel
- 1 zusätzlicher Helfer / zusätzliche Helferin für Aktionen und Bastelarbeit
- 1 Musiker/Musikerin
- 1 Person für die Gottesdienstleitung

Materialaufwand:
Vorbereitungsaufwand:

Materialliste

Variante 1

- Zutaten für das Osterfrühstück (Brot, Brötchen, Gebäck, Kaffee/Kakao, Aufstriche)
- Dekoration für die Tische
- Osterkerzen (weiße Stumpenkerzen)
- Wachsplatten zum Verzieren (im Bastelladen erhältlich)
- eventuell Ausstechformen
- Streichhölzer

Variante 2

- Teller oder Schuhkartondeckel (Teller sind stabiler, Schuhkartondeckel kann man in einem Schuhgeschäft umsonst bekommen.)
- Naturmaterialien (z. B. Moos, Steine, Blumen, Zweige, Sand)
- Teelichter, Faden, Knete, Streichhölzer
- Fingerfood, Kakao, Kaffee

Für beide Gottesdienstvarianten

- Kreppband
- grünes Tuch für den Garten
- Körbe mit Moos, Steinen und Ästen für den Garten
- Kerze im Glas mit Streichhölzern
- Kiste mit schweren Steinen
- Holzkreuz
- blaue Glassteine
- schwarzes langes Tuch für den Weg

- dunkles Tuch für die Höhle
- Grabstein: Kreise aus schwarzem, grauem und gelbem Stoff
- Körbe mit Blumen (beim örtlichen Blumenladen nach Blumenverschnitt vom Vortag fragen)
- Körbe mit kleinen Steinen für den Grabstein
- Sonnenstrahlen aus gelbem Stoff/Filz

Erlebnisgottesdienst-Vorbereitung

Für diesen Gottesdienst gibt es zwei Varianten. Beide haben den gleichen Schwerpunkt. Die erste Variante startet mit einem gemeinsamen Osterfrühstück und dem Basteln einer Osterkerze. Die zweite Variante startet wie die anderen Erlebnisgottesdienste und endet mit einem kleinen Fest und der Möglichkeit, einen Ostergarten zu basteln. Der Kern der Gottesdienste (Anspiel und das Bodenbild) ist gleich.

- Sammeln der Naturmaterialien und sonstigen Gegenstände und in Körben bereitstellen.
- Zuschneiden des Grabsteines: Jeweils aus schwarzem und grauem Stoff einen großen Kreis gleicher Größe zuschneiden. Einen kleineren gelben Kreis zuschneiden und zwischen die beiden großen Kreise legen.
- Aufkleben der Spur des Osterweges mit Kreppband. (Dieser wird wie eine Schnecke gelegt, man beginnt außen mit dem Garten und endet innen mit dem Grab.)

Variante 1

- Herrichten des Osterfrühstückes.
- Gebäck und Getränke besorgen.
- Dekoration für die Tische überlegen.
- Tische und Materialien zum Basteln der Osterkerzen herrichten.
- Beispiele basteln.

Variante 2

- Fingerfood und Getränke besorgen. (Es kann auch in der Einladung stehen, dass jeder/jede, der/die möchte, eine Kleinigkeit zum Essen mitbringen darf.)
- Bastelmaterialien besorgen.
- Beispielgarten basteln.
- Bühne herrichten.

Quellen der Lieder

Einfach Spitze (Daniel Kallauch)
- Du bist Herr Kids 1, Nummer 33
- Einfach Spitze, Nummer 1
- Feiert Jesus! Kids – Liederbuch, Nummer 1
- Kinder feiern Jesus, Nummer 3
- Kommt und singt – Liederbuch für die Jugend, Nummer 193

Der Herr ist auferstanden (Paul Ernst Ruppel)
- Kommt und singt – Liederbuch für die Jugend, Nummer 115

Der Vater im Himmel segne dich (Segenslied) (Mike Müllerbauer)
- Einfach Spitze, Nummer 150
- Feiert Jesus! Kids – Liederbuch, Nummer 173

Hallelu Hallelu Hallelu Halleluja, preiset den Herrn (mündlich überliefert)
- Du bist Herr Kids 1, Nummer 65
- Feiert Jesus! Kids – Liederbuch, Nummer 33
- Kommt und singt – Liederbuch für die Jugend, Nummer 226

Gottes große Liebe (Daniel Kallauch)
- Einfach Spitze, Nummer 15
- Feiert Jesus! Kids – Liederbuch, Nummer 142
- Kinder feiern Jesus, Nummer 18

Vorlagen, Fotos von Beispielen

Das Foto des Bodenbildes und eines Ostergartens liegen als Download vor.

Kurzauslegung des Bibeltextes

Auszüge aus Matthäus 26 – 28, der Schwerpunkt liegt auf Matthäus 28,1-10

Quellen dieser Informationen:
Maier, Gerhard: Matthäus-Evangelium 2. Teil. In: Ders. (Hg.): Edition C Bibelkommentar. Neues Testament, Bd. 2, SCM R.Brockhaus, Witten 2013, S. 378 ff.
Zwickel, Wolfgang: Grab Jesu. In: Calwer Bibellexikon, Bd. 1, Calwer Verlag, Stuttgart [2]2006, S. 478

Personen

Im Garten Gethsemane ist Jesus mit elf seiner Jünger, mit denen er zuvor gemeinsam das Abendmahl gefeiert hat.
Bei den Frauen am Grab handelt es sich um Maria aus Magdala und die andere Maria (Mt 28,1), die Mutter des Jakobus und Josephs (Mt 27,56). Der Engel am Grab ist eine Gestalt, so hell wie ein Blitz in einem schneeweißen Gewand.

Ort

Der Garten Gethsemane: Gethsemane ist ein Ölbaumgarten, der am Fuße des Ölbergs liegt. Dieser Ölbaumgarten hatte wohl eine Höhle für die Ölpresse, die sowohl Schutz, als auch Übernachtungsmöglichkeit bot.
Das Grab Jesu: Das Grab Jesu befand sich nahe der Kreuzigungsstelle, war unbenutzt und gehörte Josef aus Arimathäa (Mt 27,57). Es handelte sich um ein Felsengrab. Diese Gräber waren meist von einem Garten umgeben. Das Felsengrab verfügte über einen betretbaren Grabraum, welcher mit einem Rollstein verschlossen wurde. Dieser Rollstein hatte einen Durchmesser von ungefähr 1 Meter und verlief in einer in den Felsen gehauenen Rinne.

Zeit

Unmittelbar vor dem Gebet im Garten Gethsemane fand das letzte Abendmahl im Rahmen des Passahfestes statt (Mt 26,17 ff.). Es war demnach am späten Abend, als Jesus und seine Jünger eine Übernachtungsmöglichkeit suchten.
Die Frauen gingen am Morgen des ersten Tages der Woche zum Grab. Der erste Tag der Woche war der Tag nach dem Sabbat, also Sonntag. Sie gingen los, als es noch dämmerte, das war so gegen 5 Uhr am Morgen.

Ereignis

Im Garten Gethsemane

- Jesus geht mit seinen Jüngern nach dem Essen in den Garten Gethsemane.
- Er möchte allein sein, um zu seinem Vater zu beten.
- Jesus spricht seinen Vater mit „mein Vater“ an – dies zeigt die innige Beziehung, die Jesus zu ihm hat.
- Angesichts des Todes hat Jesus große Angst. Er bittet seinen Vater darum, vom Leiden verschont zu werden. Durch sein dreimaliges Gebet bekommt er die Kraft, sich in den Willen seines Vaters einzustimmen. Er weiß, dass er seinen Weg und seine Sendung in Treue zu Ende gehen muss. Er erfüllt damit den Willen seines Vaters, um die Menschen zu retten.
- Die Jünger schlafen und lassen Jesus in seinem Leid allein. Darüber ist er sehr enttäuscht (Vers 40).

Die Frauen am Grab

- Die Frauen gehen zum Grab und wollen Jesus salben. Dies war üblich, um dem Verstorbenen ein ehrenvolles Begräbnis zu gewähren und erhielt auch den Leichnam für längere Zeit (vgl. Maier, Gerhard: Matthäus-Evangelium 2. Teil, S. 480).
- Matthäus erzählt von der Auferstehung Jesu so: Es ereignet sich ein Erdbeben, als der Engel vom Himmel kommt, sodass die Wächter „wie tot“ umfallen (Mt 28,4). Dieser Engel öffnet das Grab. Er verkündet den Frauen, dass Jesus auferstanden ist!
- Die Frauen laufen vom Grab weg und überbringen den Jüngern diese Nachricht mit Furcht und großer Freude.

Kernaussagen

- Jesus hat Angst – er betet und bekommt Kraft! Beten hilft, wenn wir Angst haben.
- Jesus ist nicht mehr im Grab. Er ist auferstanden. Jesus hat den Tod überwunden. Er kann auch unsere Traurigkeit in Freude verwandeln.

Mit den Augen der Kinder sehen

Elementare Strukturen

Jesus war tot und lebt wieder. Er ist stärker als der Tod und somit Sieger! Er ist auch heute unter uns.

Elementare Erfahrungen

Kinder kennen viele Ängste: Angst vor dem Alleinsein, Angst vor unbekannten Tieren. Sie kennen das Gefühl der Traurigkeit, auch wenn sie noch nicht in enge Berührung mit dem Tod gekommen sind. Ein Kind kann traurig sein über den Tod eines Tieres, über ein Spielzeug, das es verloren hat, oder darüber, dass der Freund / die Freundin gerade nicht mit ihm spielen möchte.

Elementare Zugänge

Kinder von null bis fünf Jahren haben einen ausgeprägten Gerechtigkeitssinn. Sie wollen, dass die Bösen bestraft und die Guten belohnt werden. Deshalb werden sie nicht ohne Weiteres verstehen können, dass Menschen Jesus nicht mögen oder ihm etwas antun wollen. Damit sie diese Spannung aushalten können, ist es wichtig, dass der Kreuzweg Jesu immer mit der Ostererfahrung (Jesus lebt wieder) verbunden wird.
Kinder in diesem Alter haben eine große Fantasie. Ihre Fantasien sind für sie schwer von der Realität zu unterscheiden und können daher Ängste auslösen.
Ein Zweifel an der Möglichkeit, dass jemand von den Toten auferstehen kann, ist nicht zu erwarten.

Elementare Wahrheit

Jesus ist der Sieger über den Tod. Wir haben an Ostern allen Grund zu feiern. Ziel des Gottesdienstes ist es deshalb, die am Anfang etwas bedrückende Stimmung der Geschichte in eine große Freude zu verwandeln. So sollen die Kinder miterleben, dass Ostern ein Fest der Freude ist, weil Jesus auferstanden ist. Der Tod und die Trauer sind nicht das Ende. Es kommt ein neuer Anfang. Jesus will auch uns die Osterfreude schenken, wenn wir traurig sind.

Erlebnisgottesdienst-Ablauf Variante 1

Die Kinder und die Erwachsenen werden an der Tür begrüßt, auch schon von den Schauspielern/Schauspielerinnen aus dem Anspiel (Mama, Anna und Theo). Sie werden eingeladen, sich an die gedeckten Tische zu setzen.

Wir hören auf die Musik

Wir werden begrüßt

Guten Morgen liebe Kinder, guten Morgen liebe Mamas, Papas, Omas, Opas, Verwandte, Freunde, Freundinnen und Bekannte! Der Herr ist auferstanden! Er ist wahrhaftig auferstanden! – Wir feiern heute ein großes Fest! Und ein großes Fest hat immer etwas mit einem tollen Essen zu tun! Darum wollen wir jetzt gemeinsam essen und fröhlich sein! Ich bete noch mit uns:
Lieber Gott, Danke für die vielen Menschen, die zu unserem Fest gekommen sind! Danke für die vielen leckeren Sachen auf unserem Tisch. Bitte schenke uns ein schönes Fest zusammen! Amen

Wir frühstücken gemeinsam

Alle genießen das leckere Essen.

Wir basteln eine Osterkerze

Wenn die meisten Kinder mit dem Essen fertig sind, springt Anna von ihrem Platz auf.

Anna: Mama! Mir ist langweilig. Ich bin satt und was kann ich jetzt machen?
Mama: Schau mal dort hinten, da kannst du was machen. (Sie zeigt in die Richtung der Osterkerzenbasteltische.) Ihr Kinder könnt alle dort hingehen und euch eine schöne Kerze basteln!

Die Kinder dürfen eine Stumpenkerze mit Wachsplatten verzieren. Dazu können sie kleine Stücke von den Platten abreißen oder Figuren ausstechen und diese auf die Kerzen kleben.
Material: weiße Stumpenkerzen, Wachsplatten zum Verzieren, eventuell Ausstechformen

Wir hören und sehen, was an Ostern geschah

Es wird das Lied „Der Herr ist auferstanden“ vorgespielt, damit alle zur Ruhe kommen.

Szene 1: Überleitung zur Ostergeschichte

Anna: Mama, Mama, sag mal, wir haben doch noch gar kein Geburtstagslied gesungen!
Theo: Genau!
Mama: Anna, warum denn? Hier hat doch niemand Geburtstag!
Anna: Aber ..., aber was wird denn dann hier gefeiert? Warum sind denn alle so fröhlich?
Mama: (fragt die Kinder) Weiß jemand von euch, warum wir heute hier sind?
(Die Kinder antworten.)
Anna: Ostern? Also wirklich – kein Geburtstag?
Mama: Nein, Anna.
Theo: Und was bitteschön ist Oh-Stern? Hat das was mit den Sternen am Himmel zu tun? Hat da jemand einen Stern gesehen und gesagt: „Oh, da ist ein Stern!"?
Mama: Nein Theo.
Theo: Aber Mama, was feiern wir denn bitte schön dann an Oh-Stern? Weißt du das Anna?
Anna: Nein ...
Theo: (wendet sich an die Kinder) Könnt ihr vielleicht helfen? Ich will es unbedingt wissen! Was feiern wir denn an Oh-Stern?
(Die Kinder antworten.)
Mama: Genau, es geht um Jesus. An Ostern denken wir an etwas, was vor langer, langer Zeit geschehen ist.
Anna: Jetzt erzähl schon Mama! Ich will das endlich wissen!
Theo: Genau!
Mama: Gleich ihr zwei. Erst mal möchte ich euch noch ein tolles Osterlied beibringen.

Wir singen gemeinsam: Der Herr ist auferstanden!
Mit Bewegungen: 1. Satz: Sitzen, 2. Satz: Aufstehen, 3. Satz: Stehen und Klatschen.

Anna: Ein tolles Lied! Aber was ist „auferstanden". Und wer ist der „Herr"?
Mama: Was „auferstanden" ist, erkläre ich euch nachher. Mit „Herr" ist „Jesus" gemeint.
Anna: Aha! Jesus ist auferstanden. Ich weiß immer noch nicht, was das heißt.
Mama: Ich erzähle es euch. Kommt. Wir machen jetzt einen großen Kreis. In der Mitte brauchen wir viel Platz. Und wenn ihr die Musik hört, nehmt ihr alle eure schöne Osterkerze und setzt euch hin! Dann möchte ich euch verraten, was an Ostern vor langer, langer Zeit geschehen ist!

(Umbauphase: Die Tische werden gemeinsam mit den Eltern so zur Seite geschoben, dass genug Platz für das Bodenbild mit Stühlen und Bodenkissen ist. Am Ende der Umbauphase wird die Melodie von „Der Herr ist auferstanden" erneut gespielt, damit es ruhig wird.)

Szene 2: Im Garten Gethsemane

Mama: Ihr wollt wissen, warum wir an Ostern so fröhlich sind? Und was „auferstanden" bedeutet? Dann erzähle ich euch mal die Geschichte dazu: Unsere Geschichte beginnt in einem Garten. Schaut mal, ich lege hier ein grünes Tuch hin. Daraus soll ein schöner Garten werden. Ich habe Moos, Äste und Steine. Wenn wir die noch darauf verteilen, dann sieht es richtig wie ein Garten aus! Wenn die Musik spielt, setzen wir uns alle wieder hin!

Aktion 1: Garten legen

Es werden Körbe mit Moos, Ästen und Steinen bereitgestellt. Die Kinder verteilen dies auf dem grünen Tuch. Wenn alle fertig sind, wird leise das Lied „Der Herr ist auferstanden!" gespielt und alle setzen sich wieder.
Material: grünes Tuch, Körbe mit Moos, Ästen und Steinen

Theo: Das ist jetzt aber ein wunderschöner Garten geworden! Der sieht richtig gemütlich aus!

Mama: Ja, da hast du recht! Und in diesem Garten war Jesus. Hier habe ich eine Kerze. Die stellt Jesus dar. Ich zünde sie an. Anna, magst du mit mir die Kerze anzünden?

(Anna zündet eine Kerze in einem Glas an.)

Jesus ging an diesem Tag in den Garten, um zu beten.

(Die Mama stellt die Kerze in die Mitte des Gartens.)

Er kniete sich nieder und redete mit Gott. Jesus hatte große Angst.

Theo: Warum denn? Er war doch in einem so schönen Garten!

Anna: War er da ganz allein? Vielleicht hatte er deswegen Angst!

Theo: Mmh, komisch. Was meint ihr denn? Wovor hatte Jesus Angst?

(Die Kinder antworten.)

Mama: Jesus wusste, dass Menschen ihm Böses antun wollten.

Anna: Aber Mama, das verstehe ich nicht! Jesus – das war doch der, der im Stall geboren wurde! Da haben sich doch alle so gefreut! Jesus hat doch so viele tolle Sachen gemacht! Da war doch mal jemand ganz schlimm krank, und dann hat Jesus ihn wieder gesund gemacht! Das weiß ich ganz genau!

Theo: Ja genau! Und er hat doch Menschen geholfen, ganz viele Fische zu fangen!

Anna: Und da war doch einer, der nichts sehen konnte! Jesus hat seine Augen wieder ganz gemacht! Er konnte dann sehen!

Theo: Genau! Also dem Jesus, dem darf man doch nichts Böses tun!

Mama: Da hast du recht. Viele Menschen fanden ihn toll. Doch die Herrscher hatten Angst, dass Jesus König wird. Dann hätten sie nicht mehr bestimmen können. Aber genau das wollten sie: Herrscher bleiben! Darum wollten sie, dass er nicht mehr da ist.

Anna: Ehrlich? Das ist aber traurig. Da kann ich verstehen, dass er Angst hatte.

Mama: Ja, Angst hatte er. Sein Herz war schwer. Er fühlte sich so schwer, als müsse er einen ganz schweren Stein tragen.
Schaut mal: Ich habe hier einen. Halte ihn mal fest. (Anna hält den Stein und staunt.) Und noch viel schwerer war das alles für Jesus. Wollt ihr das auch mal fühlen? Ihr dürft jetzt alle einen schweren Stein hochheben, ihn einmal rundherum tragen und auf den Weg legen.

Aktion 2: Steine tragen

Eine Kiste mit schweren Steinen wird bereitgestellt. Die Kinder laufen einmal im Kreis herum und legen dann den schweren Stein in den Garten. Am Ende wird leise „Der Herr ist auferstanden" gespielt, alle Kinder setzen sich wieder.
Material: Kiste mit schweren Steinen

Szene 3: Jesus stirbt

Anna: Und dann?

Theo: Ja genau, ist ihm etwas Schlimmes passiert?

Mama: Ja. Es passierte etwas. Deswegen lege ich jetzt ein schwarzes Tuch für den Weg, den Jesus gehen muss.

(Die Mama legt ein schwarzes Tuch an der mit Kreppband markierten Spur entlang.)

Anna: Aber Schwarz nimmt man doch nur, wenn man ganz traurig ist, dachte ich.

Mama: Es wird jetzt leider ganz traurig.

Anna: Wieso denn? Ich fühle mich auch schon ganz schwer.

Mama: Soldaten kamen und nahmen Jesus mit. Die Menschen wollten, dass Jesus stirbt. Sie hängten ihn an ein Kreuz. (Die Mama legt ein Holzkreuz auf den dunklen Weg.) Und dann starb Jesus.

(Die Mama pustet die Kerze aus und stellt sie neben das Kreuz.)

Anna: Nein! Aber Mama, das kann doch nicht wahr sein.

Mama: Das ist es aber leider. Viele Menschen weinten. Ich habe hier blaue Steine. Die sehen aus wie Tränen. Helft ihr mir, sie den schwarzen Weg entlangzulegen?

Aktion 3: Tränen legen

Die Kinder verteilen blaue Glassteine auf dem Weg. Am Ende wird leise „Der Herr ist auferstanden“ gespielt, alle setzen sich wieder.

Material: blaue Glassteine

Szene 4: Jesus wird begraben

Mama: Sie legten Jesus in ein dunkles Grab. Das Grab war wie eine dunkle Höhle. Schaut mal, ich habe ein dunkles Tuch. Das legen wir als Höhle in die Mitte. (Ein schwarzes rundes Tuch wird in die Mitte gelegt.) Bei uns bringen die Menschen Blumen an ein Grab. Sie wollen damit zeigen, wie gern sie den Verstorbenen gehabt haben. Ich habe auch Blumen. Damit dürft ihr unser Höhlengrab schmücken.

Aktion 4: Blumen legen

Es werden Körbe mit Blumen bereitgestellt. Die Kinder legen Blumen um das schwarze Tuch, am Ende wird melancholisch „Der Herr ist auferstanden“ gespielt, alle setzen sich.

Material: Körbe mit Blumen

Szene 5: Das verschlossene Grab

Mama: Das Grab wird mit einem großen runden Stein verschlossen. Ich habe hier ein großes Tuch. Legt einige Steine darauf, damit es wie ein Fels aussieht.

Aktion 5: Das Grab verschließen

Ein großes, rundes, graues Tuch wird als Grabstein in die Mitte gelegt. Unter dem grauen Tuch ist ein gleichgroßes schwarzes Tuch. Zwischen grau und schwarz befindet sich ein kleinerer gelber Kreis, der bald das Licht im Grabesinneren darstellen soll. Der dreilagige Grabstein wird so gelegt, dass es den Kindern nicht auffällt. Es werden Körbe mit kleinen Steinen bereitgestellt. Die Kinder legen diese Steine auf den grauen Stoff.

Material: Kreise aus schwarzem, grauem und gelbem Stoff, Körbe mit kleinen Steinen

Szene 6: Die Frauen am Grab

Anna: Mama, das ist ja immer noch traurig. Ich dachte, wir feiern heute ein Fest!

Theo: Genau! Aber jetzt ist Jesus da drin und tot. Und wir sind hier draußen. Das ist doch nicht lustig.

Mama: Da habt ihr recht. Ich glaube, die Freundinnen und Freunde von Jesus waren sogar noch trauriger als du und ich. Aber auf einmal ...

Theo: Was? Passiert jetzt schon wieder was?

Mama: Passt auf! Drei Tage später, es war früh am Morgen, kamen zwei Frauen an das Grab. Sie waren traurig. Sie wollten nach Jesus schauen. Aber was war das? Am Grab sahen sie, dass der Stein weggerollt war. Es war ganz hell im Grab.

Anna: Das ist doch eine dunkle Höhle? Wie kann es darin hell sein?

Mama: Kommt, lasst uns auch mal die Steine wegmachen!

Aktion 6: Steine wegrollen

Gemeinsam mit den Kindern werden die Steine auf dem grauen Kreis entfernt. Dann wird auch das graue Tuch abgezogen, heraus kommt ein gelber Kreis.

Szene 7: Der Herr ist auferstanden

Theo: Wow, das ist ja wirklich ganz hell in dem Grab!

Mama: Ja, im Grab ist ein Engel! Er sagt: Jesus ist nicht mehr tot! Er lebt! Er ist auferstanden! Wir können die Jesuskerze wieder anzünden! Wer hilft mir dabei?

(Die Mama zündet die Kerze mit der Hilfe eines Kindes wieder an und stellt sie auf den runden, gelben Kreis.)

Theo: Was? Jesus war tot und jetzt lebt er? Also auch heute?

Mama: Ja, auch wenn wir ihn jetzt nicht mehr so sehen können! Er lebt! Er war tot und ist wieder lebendig geworden!

Anna: Jetzt verstehe ich, was „auferstanden" bedeutet: Jesus war tot und lebt jetzt wieder!

Mama: Ganz genau! Es heißt: Jesus lebt wieder!

Theo: Und jetzt weiß ich auch, warum wir Ostern feiern! Weil Jesus wieder lebt! Das ist schön!

Mama: Ja, das ging den zwei Frauen auch so! Sie liefen vom Grab weg und erzählten den Jüngern, dass Jesus wieder lebt! Und die sind dann auch losgelaufen – der eine nach da, der andere nach da. (Währenddessen legt Mama gelbe Streifen wie Sonnenstrahlen von dem Grab weg über alles drüber.) Kommt helft mir! Die Strahlen machen alles Dunkle wieder hell!

Aktion 7: Botschaft in die Welt tragen

Jedes Kind bekommt einen gelben Stoffstreifen. Es darf diesen Streifen als Sonnenstrahl hinlegen.

Material: Sonnenstrahlen aus gelbem Stoff/Filz

Anna: Das ist ja toll! Jesus lebt! Jetzt möchte ich aber unser Lied ganz oft singen!

Wir singen gemeinsam: Der Herr ist auferstanden! (wer möchte, auch im Kanon)

Schluss – Variante 1

Wir beten gemeinsam

(Der wiederkehrende Vers wird gemeinsam gesprochen, evtl. mit Bewegungen.)

Mitarbeiter/Mitarbeiterin: Die ganze Welt soll Gott zujubeln. Macht mit!
Alle: Springt in die Luft vor Freude! (tun) Klatscht in die Hände! (tun) Ruft: „Hurra!" (tun)
Mitarbeiter/Mitarbeiterin: Denn der Herr, der Allerhöchste, ist wunderbar. Ja, Gott ist der König über die ganze Erde. Niemand ist über ihm. Darum soll die ganze Welt Gott zujubeln. Macht mit!
Alle: Springt in die Luft vor Freude! (tun) Klatscht in die Hände! (tun) Ruft: „Hurra!" (tun)
Mitarbeiter/Mitarbeiterin: Gott ist unübersehbar. Gott ist unüberhörbar. Gott ist uns ganz nahe. Gott ist über allem. Darum soll die ganze Welt Gott zujubeln. Macht mit!
Alle: Springt in die Luft vor Freude! (tun) Klatscht in die Hände! (tun) Ruft: „Hurra!" (tun)
Mitarbeiter/Mitarbeiterin: Das Singen und Jubeln soll nicht aufhören. Die alten Lieder klingen neu. Neue Töne werden angeschlagen. So soll die ganze Welt Gott zujubeln. Macht mit!
Alle: Springt in die Luft vor Freude! (tun) Klatscht in die Hände! (tun) Ruft: „Hurra!"
Mitarbeiter/Mitarbeiterin: So soll es sein: Die Regierenden aller Völker stellen sich unter Gottes Herrschaft. Nichts werden sie gegen seinen Willen tun. Denn Gott ist König. Dann wird die ganze Welt Gott zujubeln. Macht mit!
Alle: Springt in die Luft vor Freude! (tun) Klatscht in die Hände! (tun) Ruft: „Hurra!" (tun) Amen

(Mit freundlicher Genehmigung aus: Messerschmidt, Brigitte: Dir kann ich alles sagen, Gott. Psalmenübertragungen nicht nur für Kinder, Rheinischer Verband für Kindergottesdienst, Wuppertal, S. 47.)

Wir zünden unsere Osterkerze an

Jesus lebt! Auch heute! Darum feiern wir! Wir singen „Der Herr ist auferstanden!", dabei dürft ihr an der Kerze in der Mitte eure Osterkerze anzünden und Jesu Licht mitnehmen.

Wir singen gemeinsam

Der Herr ist auferstanden

Wir empfangen Gottes Segen

Jesus segne dich: Er zeige dir mit seinem Licht, wo du hingehen sollst.
Jesus segne dich: In seinem Licht strahlt seine Liebe für dich!
Jesus segne dich: Seine Hand behüte dich heute und auf allen deinen Wegen! Amen

Wir singen das Segenslied

Der Vater im Himmel segne dich

Wir hören auf die Musik und gehen nach Hause

Am Ausgang können sich die Kinder in eine Liste eintragen, um Erinnerungsfotos von dem Bodenbild zugeschickt zu bekommen.

Erlebnisgottesdienst-Ablauf Variante 2

Wir hören auf die Musik

Wir werden begrüßt

Guten Morgen liebe Kinder, guten Morgen liebe Mamas, Papas, Omas, Opas, Verwandte, Freunde, Freundinnen und Bekannte! Der Herr ist auferstanden! Er ist wahrhaftig auferstanden! Wir feiern heute ein großes Fest! Bestimmt haben viele von euch heute Morgen schon Osternestchen gesucht! Ich bin gespannt, was wir heute machen! Und ich freue mich, dass wir nicht allein hier sind, sondern Jesus in unserer Mitte ist! Wir wollen mit ihm unseren Ostergottesdienst feiern!
Im Namen Gottes, der uns liebt (ein Herz aus den Händen formen), der uns beschützt (Arme wie einen Schirm über den Kopf halten) und der uns von allen Seiten umgibt (einmal im Kreis drehen).
Amen (Hände falten)

Wir singen gemeinsam

Einfach Spitze

Wir beten gemeinsam

Macht mit! (Gebet siehe S. 46)

Wir hören und sehen, was an Ostern geschah

Szene 1: Überleitung zur Ostergeschichte

(Mama steht vorne und hat viele Schachteln um sich herum stehen. Theo und Anna kommen gerade vom Spielplatz. Es klopft und Mama öffnet.)

Anna: Hallo Mama! Da sind wir! Wir waren auf dem Spielplatz! Dürfen wir noch ein bisschen drinnen spielen?
Mama: Ja klar! Zieht euch die Jacken und Schuhe aus und kommt rein!
(Die Kinder ziehen sich aus und kommen nach vorne.)
Anna: Oh Mama, was machst du denn da?
Mama: Ich bereite Ostern vor!
(Die Kinder schauen in die Kisten.)
Anna: Mit den Sachen? Wo hast du denn die Hasen und die Eier versteckt?
Mama: Die brauche ich gerade nicht. Das hier soll daran erinnern, was an Ostern wirklich geschehen ist.
Theo: Ach du meinst, weil „der Herr auferstanden" ist? Das haben wir jedenfalls im Kindergarten gesungen.

Anna: Das habe ich aber gar nicht verstanden ... Wer ist der „Herr" und was ist „auferstanden"?

Theo: Ich habe das auch nicht verstanden.

Mama: Das hat was damit zu tun, warum wir Ostern feiern.

Anna: Vielleicht hat es auch was mit den Sternen am Himmel zu tun. Vielleicht haben da einmal alle „O, da ist ein Stern" gesagt. Jetzt heißt es Oh Stern?

Theo: Also ich weiß nicht ... Wisst ihr, warum wir Ostern feiern?

(Die Kinder antworten)

Mama: An Ostern geht es um Jesus. Da denken wir an etwas, was vor langer, langer Zeit geschehen ist.

Anna: Jetzt erzähl schon Mama! Ich will das endlich wissen!

Mama: Das mache ich gern. Aber vorher möchte ich, dass ihr mir das Lied aus dem Kindergarten beibringt!

Wir singen gemeinsam: Der Herr ist auferstanden! (Bewegungen siehe Variante 1, S. 42) (Anna und Theo sprechen den Text vor und singen das Lied dann gemeinsam.)

Mama: Ein tolles Lied! Das macht Spaß. Das passt auch richtig gut zu Ostern! Mit „Herr" ist übrigens Jesus gemeint.

Anna: Ach so, aber was heißt „auferstanden"?

Mama: Da habe ich eine gute Idee! Ich erzähle euch die Ostergeschichte. Danach wisst ihr das nämlich. Und ihr helft mit, den Osterweg aufzubauen, in Ordnung?

Beide: Au ja!

Mama: Ihr wollt wissen, was „Der Herr ist auferstanden" heißt? Dann muss ich bereits ein paar Tage vor Ostern beginnen.

Szene 2 bis 7: Jesus wird verraten, Jesu Tod und Auferstehung

Die Szenen zwei bis sieben sind inklusive der jeweiligen Aktionen mit der ersten Variante des Ostergottesdienstes identisch.

Schluss – Variante 2

Anna: Ich möchte noch mehr Lieder singen!

Wir singen gemeinsam

- Hallelu Hallelu Hallelu Halleluja, preiset den Herrn
- Gottes große Liebe

Wir feiern gemeinsam und basteln einen Ostergarten

Mama: Jetzt lasst uns aber auch etwas essen und trinken, wie es sich bei einem Fest so gehört! Ihr Kinder, ihr dürft euch einen Ostergarten machen! Damit ihr nicht vergesst, was an Ostern geschehen ist (zeigt einen Ostergarten und erklärt ihn)! Wenn die Musik spielt, treffen wir uns mit unseren Gärten hier und singen gemeinsam!

Es gibt Fingerfood, Kakao und Kaffee. Die Kinder können gemeinsam mit ihren Eltern einen Ostergarten basteln.

Anleitung: Auf Tellern oder Deckeln von Schuhkartons werden kleine Ostergärten gestaltet. Hierfür stehen allerhand Materialien zur Verfügung: Moos, Steine, Äste, Schnur, Blumen, Teelichter, Sand usw. Die Teller/Deckel können zum Beispiel mit Moos ausgelegt werden. Anschließend kann man ein Holzkreuz aus Zweigen zusammenbinden und vorne aufstellen (mit Knete am Boden fixieren). Es wäre auch möglich, ein Grab aus Steinen zu bauen und ein Teelicht hineinzustellen. So entstehen ganz tolle Kunstwerke.

Material: Teller/Schuhkartondeckel, Naturmaterialien (Moos, Steine, Blumen, Zweige, Sand), Knete, Faden, Teelichter

Wir singen gemeinsam

Der Herr ist auferstanden

Wir schauen uns unsere Ostergärten an

Ihr habt ja wunderschöne Gärten gemacht. Möchte jemand seinen Garten zeigen? (Einige Kinder dürfen ihre Gärten zeigen und erklären.) Das habt ihr aber schön gemacht!

Wir beten gemeinsam

Lieber Gott, danke, dass wir heute Ostern feiern! Wir freuen uns, dass du lebst und auch heute bei uns bist! Bitte lass uns das nie vergessen!
Amen

Wir singen das Segenslied

Der Vater im Himmel segne dich

Wir empfangen Gottes Segen

Und so segne euch Gott, der Vater, der Sohn und der Heilige Geist!
Amen

Wir hören auf die Musik und gehen nach Hause

Am Ausgang kann eine Liste ausgelegt werden, in die sich die Kinder mit ihrer Adresse eintragen können, um Erinnerungsfotos von dem Bodenbild zugeschickt zu bekommen.

KOMMT, LASST UNS SINGEN, TANZEN UND SPRINGEN!

Bibelstelle: Psalm 98
Zielgedanke: Die Kinder entdecken und erleben, dass Gott die Welt gemacht hat. Sie sagen auf unterschiedliche Arten und Weisen dafür Danke.
Kurzbeschreibung Anspiel: Mats, ein kleiner Junge, hat schlechte Laune. Papa muntert ihn mit der Geschichte von Herrn Grummel und Frau Fröhlich auf. Sie lassen sich von Frau Fröhlich anstecken und überlegen, für was sie Gott danken können. Danach lernen sie anhand von Psalm 98 unterschiedliche Weisen kennen, wie man Gott Danke sagen kann.
Kurzbeschreibung Aktionen: Mit den Kindern wird gemeinsam auf unterschiedlichen Wegen Danke gesagt:
- ein neues Lied singen
- mit dem Schwungtuch Bälle in die Luft werfen
- Zupfkisten basteln
- Luftballons starten lassen

Mindestanzahl Mitarbeitende (6):
- 2 Personen für das Anspiel
- 2 Helfer/Helferinnen für Aktionen und Bastelarbeit
- 1 Musiker/Musikerin
- 1 Person für die Gottesdienstleitung

Materialaufwand:
Vorbereitungsaufwand:

Materialliste

- Requisiten aus dem Kinderzimmer für die Bühne:
  - Bauklötze
  - Teppich
  - Tisch
- ein Kinderbuch für den Papa
- LEGO®-Steine zum Nachstellen der Geschichte
- Laptop und Beamer oder Overheadprojektor
- Naturmaterialien (z. B. Blätter, Blumen, Steine)
- großes Tuch
- Soft- und Strandbälle
- großes Schwungtuch
- kleine Pappschachteln
- Haushaltsgummis
- Stifte
- Aufkleber/Klebebänder zum Verzieren
- Helium (erhält man im Baumarkt oder über den Versandhandel im Internet)
- heliumgeeignete Luftballons mit leichten Schnüren (Vor allem in Flughafennähe sind bestimmte Richtlinien zu beachten. Bitte vorher im Internet über die rechtlichen Bedingungen für den Ballonstart informieren.)
- dünne DIN-A5-Zettel mit Aufdruck: „Danke lieber Gott für ...“

Erlebnisgottesdienst-Vorbereitung

- Errichten des Bühnenbildes: Kinderzimmer mit Teppich und herumliegenden Bauklötzen, Sitzgelegenheiten für Vater und Kind.
- Die einzelnen Szenen der Geschichte mit LEGO® nachbauen. Das Haus und der Garten von Herrn Grummel werden mit dunklen Steinen gestaltet, Frau Fröhlichs Haus und Garten sind bunt. Das Buch „Bausteine staunen. Kleine Baumeister entdecken Gottes große Welt. Konzepte für missionarische Baustein-Welten", buch+musik, Stuttgart 2015 von Heiko Metz (Hg.) liefert zusätzliche Praxistipps und Ideen, wie man Geschichten mit Bausteinen lebendig werden lassen kann.
- Basteltische mit Materialien zum Basteln der Zupfkisten vorbereiten.
- Softbälle und Strandbälle sowie das Schwungtuch griffbereit, aber versteckt auf der Bühne herrichten.
- Luftballons für den Luftballonstart direkt vor dem Gottesdienst befüllen und mit Schnüren versehen.
- Danke-Kärtchen mit Stiften griffbereit, aber versteckt auf der Bühne bereithalten.

Quellen der Lieder

Einfach Spitze (Daniel Kallauch)

- Du bist Herr Kids 1, Nummer 33
- Einfach Spitze, Nummer 1
- Feiert Jesus! Kids – Liederbuch, Nummer 1
- Kinder feiern Jesus, Nummer 3
- Kommt und singt! – Liederbuch für die Jugend, Nummer 193

Singt für ihn (Mike Müllerbauer)

- Absoluto guto – Notenheft, Nummer 6

Der Vater im Himmel segne dich (Segenslied) (Mike Müllerbauer)

- Einfach Spitze, Nummer 150
- Feiert Jesus! Kids – Liederbuch, Nummer 173

Kurzauslegung des Bibeltextes

Psalm 98

Quellen dieser Informationen:
Weber, Beat: Werkbuch Psalmen II, Die Psalmen 73-150, Kohlhammer Verlag, Stuttgart, [2]2016, S. 154.
Zenger, Erich: Das Buch der Psalmen. Eine Einführung, unter: www.bibelwerk.de/sixcms/media.php/157/Psalmen%20Zenger%20Mit%20der%20Bibel%20-%20Einf%C3%BChrung.pdf, letzter Zugriff am 30.12.2016.

Personen

Psalm 98 wurde für das Volk Israel geschrieben. In der ersten Strophe (Vers 1-3) wird das Volk Israel an Gottes Heilstaten erinnert und zum Lobpreis aufgefordert. In der zweiten Strophe (Vers 4-6) werden die Erdenbewohner zum Jubel aufgerufen und in der dritten Strophe (Vers 7-9) wird die ganze Schöpfung (vertreten durch Wasser und Land) eingeladen, in das Loblied einzustimmen.

Ort

Die Gestaltung dieses Psalms spricht dafür, dass er eine Rolle in der Liturgie am Tempel in Jerusalem gespielt hat (siehe „Ereignis“).

Zeit

Dieser Psalm wird in die Zeit nach dem Babylonischen Exil der Israeliten datiert. Nach der Erfahrung, dass irdische Könige durch eine falsche Politik das Volk in eine Katastrophe geführt haben, wird Gott als der wahre König Israels wieder in den Mittelpunkt gerückt, der in Gerechtigkeit richtet und handelt.

Ereignis

Das neue Lied, das dieser Psalm anstimmt, kann Bestandteil der Tempelliturgie nach der Rückkehr aus dem Exil gewesen sein. Israel kommt die Rolle des Gesangs, der Wortverkündigung, zu (1. Strophe). Die Völker werden mit Instrumenten einbezogen (2. Strophe), die Schöpfungselemente tragen mit Rhythmik und Percussion auf ihre Weise zum Lobpreis bei.

Kernaussage

- Gott tut Wunder und dafür hat er das Lob aller Menschen verdient.
- Auch wir können Gott durch unsere Lieder loben. Wir können ihm zujubeln und sehen, wie die ganze Schöpfung Gott preist.
- Das sollen alle Völker wissen, darum soll unser Jubel und Dank laut werden.

Mit den Augen der Kinder sehen

Elementare Strukturen

Die Kinder lernen, die Welt mit anderen Augen zu sehen: Gott hat die Welt so schön gemacht, und wir können ihm dafür auf verschiedenste Art und Weise danken.

Elementare Erfahrungen

Kinder sind viel mehr in der Lage, sich über Kleinigkeiten zu freuen, als Erwachsene. Sie freuen sich über eine entdeckte Ameise, eine Schnecke oder ein Eichhörnchen, das über den Weg springt. Im Frühling freuen sie sich über die ersten Schneeglöckchen und die ersten Gänseblümchen.

Elementare Zugänge

Die Kinder finden durch das Betrachten der Schöpfung, in der Gott sichtbar wird, einen Zugang. Sie sollen das Loben und Danken auf verschiedenste Art und Weise erleben. Kinder in diesem Alter singen sehr gern und schämen sich auch nicht, Musik körperlich zum Ausdruck zu bringen.

Elementare Wahrheit

Die Kinder sehen und fühlen, was Gott alles gemacht hat. Das Erleben von Gottes Schöpfung führt auf unterschiedliche Art und Weise zum Lob Gottes.

Erlebnisgottesdienst-Ablauf

Wir hören auf die Musik

Wir werden begrüßt

„Singt dem Herrn ein neues Lied, denn er hat Wunder getan!"
Herzlich Willkommen liebe Kinder und Erwachsene! Heute wollen wir sehen und erleben, was Gott alles gemacht hat! Wir wollen ihm mal so richtig Danke dafür sagen, denn er hat es wirklich verdient!
Darum feiern wir diesen Gottesdienst im Namen Gottes (nach oben zeigen), der uns liebt (ein Herz aus den Händen formen), der uns beschützt (Arme wie einen Schirm über den Kopf halten) und der uns von allen Seiten umgibt (einmal im Kreis drehen).
Amen (Hände falten)

Wir singen gemeinsam

Einfach Spitze

Wir beten gemeinsam

(Vor dem Beten wird der Kehrvers mit den Kindern geübt.)

Mitarbeiter/Mitarbeiterin: Lieber Gott, heute sind wir hierhergekommen, um uns mit dir zu freuen! Wir sehen draußen die Sonne aufgehen, wir fühlen die warme Luft, wir hören das Zwitschern der Vögel! Wir wollen dich loben:

Alle: (Kehrvers) Ich kann lachen (mit den Händen am Mund das Lachen formen), ich kann springen (in die Luft springen) und auch tolle Lieder singen (vor dem Mund die Hände zu einem Sprechrohr formen).
Du hast ganz fest an mich gedacht (mit dem Zeigefinger von der Stirn in den Himmel zeigen)
und mich ganz toll gemacht (beide Hände nach oben strecken)!

Mitarbeiter/Mitarbeiterin: Gott, du hast uns so viel geschenkt: Ich habe eine Mama, ich habe einen Papa, einen Freund und eine Freundin, die mich mögen! Wir können zusammen spielen, wir können uns trösten, wir können uns vertragen. Wir wollen dich loben:

Alle: Ich kann lachen ...

Mitarbeiter/Mitarbeiterin: Gott, danke, dass du die Welt so schön gemacht hast! Danke, dass wir zu essen und zu trinken haben! Danke, dass du uns versorgst und wir nicht frieren müssen! Lass uns nie vergessen, dass du es gut mit uns meinst! Wir wollen dich loben:

Alle: Ich kann lachen ...
Amen (Hände falten)

Wir sehen, wie es Mats geht

Szene 1: Mats hat schlechte Laune

(Mats sitzt mit Bauklötzen auf dem Boden. Er versucht, einen Turm zu bauen, schmeißt ihn aber lustlos um und ärgert sich. Dann kommt sein Papa / seine Mama.)

Papa: Mats! Schmeiß doch nicht die ganzen Bauklötze durch das Zimmer!
Mats: Das will ich aber!
Papa: Die gehen doch kaputt!
Mats: Das ist mir doch egal!
Papa: Sag mal, was ist denn eigentlich los?
Mats: Ich hab einfach keine Lust mehr! Bauklötze spielen ist blöd!
Papa: Ja, dann spiel doch etwas anderes! Du hast doch so viele Spielsachen!
Mats: Nein! Ich hab keine Lust!
Papa: Jetzt sag doch mal, was ist denn mit dir los?
Mats: (brummt) Mmh ...
Papa: Ah, ich hab's. Ich lese dir die Geschichte von Herrn Grummel und Frau Fröhlich vor! Hoffentlich ist danach alles besser!

Szene 2: Herr Grummel und Frau Fröhlich

(Papa holt das Buch hervor. Sie setzen sich auf das Sofa. Papa liest. Die Geschichte wird mit LEGO®-Steinen passend zu den Szenen nachgestellt.)

Papa:
Szene 1: Es waren einmal ein Nachbar und eine Nachbarin, Herr Grummel und Frau Fröhlich. Das Haus von Herrn Grummel war dunkel. Die Fenster waren klein, der Garten aus grauen Steinen. Er grummelte den ganzen Tag. Niemals hatte ihn jemand lachen gesehen.

Szene 2: Das Haus von Frau Fröhlich war wunderschön! Es leuchtete bunt. Einen schöneren Garten hatte niemand. Frau Fröhlich sang gern und lächelte den ganzen Tag.

Szene 3: Jeden Tag grummelte Herr Grummel: „Warum ist Frau Fröhlich immer so fröhlich?" Er grübelte lange. Er entschied: „Ich werde Frau Fröhlich ganz genau beobachten. Ich möchte wissen, was sie den ganzen Tag fröhlich macht."

Szene 4: Herr Grummel schaute sich ihr Haus genau an. „Bestimmt hat sie viel Geld und kauft sich alles, was sie sich wünscht", dachte er. Er schlich sich in das Haus. Es war klein. Und nein! Alles sah ganz normal aus! „Warum ist Frau Fröhlich denn dann immer so fröhlich?", fragte sich Herr Grummel.

Szene 5: Am nächsten Tag grübelte Herr Grummel weiter: „Bestimmt war Frau Fröhlich noch nie traurig oder krank. Bestimmt hat sie noch nie einen Menschen verloren." Wieder schlich er sich in das Haus. Aber halt! Was sah er da? Ein Hochzeitsbild von Frau und Herrn Fröhlich. Daneben eine Kerze. Herr Fröhlich ist nicht mehr da. „Traurig war sie auch schon. Aber warum ist Frau Fröhlich denn dann immer so fröhlich?", überlegte Herr Grummel.

Szene 6: In dieser Nacht konnte Herr Grummel nicht schlafen. Die ganze Nacht drehte er sich hin und her. Er dachte lange nach: „Ich muss wissen, warum Frau Fröhlich immer so fröhlich ist!" Am nächsten Morgen stand er auf. Er ging in den steinigen Garten. Frau Fröhlich goss fröhlich singend ihre Blumen. Er ging zu ihr und fragte: „Wie kann das sein?" Frau Fröhlich unterbrach ihr Singen: „Guten Morgen, Herr Grummel! Wie kann was sein?" „Wie kann das sein, dass sie immer fröhlich sind?" Sie lächelte ihn an: „Jeden Morgen freue ich mich, dass die Sonne aufgeht! Jeden Morgen fange ich mit den Vögeln an zu singen! Ich sehe die Blumen. Ich spüre die Wärme der Sonne! Dann freue ich mich, dass Gott die Welt so schön gemacht hat!" Herr Grummel wusste nicht mehr, was er sagen sollte. Verwundert ging er in sein Haus zurück.

Mats: Mmh ... Das hätte Herr Grummel wohl nicht gedacht.
Papa: Was meinst du?
Mats: Na, dass Frau Fröhlich sich über solche Sachen freut.
Papa: Das stimmt. Dabei hat Frau Fröhlich recht!
Mats: Wie?
Papa: Na, schau mal. Du bist heute grummelig. Weißt du, was mir immer hilft? Ich schaue wie Frau Fröhlich auf die schönen Sachen im Leben! Und dafür sage ich Gott Danke! Das macht mich fröhlich!
Mats: Ehrlich?
Papa: Ehrlich. Wollen wir das mal ausprobieren?
Mats: Ja!
Papa: Komm wir schauen mal, was wir Schönes finden können und legen es dann hier vorne auf das Tuch!

Aktion 1: Schöne Dinge suchen

Alle suchen schöne Dinge aus der Natur. Ist ein Garten vorhanden, können die Kinder draußen suchen. Wenn nicht, werden im Gemeindehaus Naturmaterialien versteckt. Die Kinder sammeln alles und legen es auf ein Tuch. Wenn die Musik spielt, setzen sie sich.
Material: Naturmaterialien (z. B. Blumen, Äste), großes Tuch

Szene 3: Mats und Papa singen Gott „Danke"

(Mats und Papa sitzen vorne und schauen mit den Kindern gemeinsam die Schätze an. Die Kinder dürfen erzählen, was sie gefunden haben.)

Mats: Und das hat sich alles Gott ausgedacht?
Papa: Ja! Und schau dir mal die Blätter an: Keines sieht so aus wie das andere!
Mats: Das ist ja toll! Das ist mir noch nie aufgefallen! Du Papa, wie kann ich Gott denn dafür Danke sagen?
Papa: Das kannst du ganz unterschiedlich machen. Da gibt es ein ganz tolles Gedicht in der Bibel: Psalm 98. Da stehen ganz unterschiedliche Sachen drin, wie wir Gott Danke sagen können. Pass mal auf! Ich les mal einen Teil vor: „Singt dem Herrn ein neues Lied, denn er hat Wunder getan" (Vers 1, Neues Leben. Die Bibel).
Mats: Ein neues Lied! Das können wir doch für Gott singen!
Papa: Genau! Ich weiß auch schon eins!

Aktion 2: Wir singen gemeinsam das neue Lied „Singt für ihn"

Papa bringt allen das Lied bei. Wer möchte, mit Bewegungen.

Szene 4: Mats und Papa rufen laut „Danke"

Mats: Wow! So kann ich Gott Danke sagen für all die schönen Sachen! Das macht richtig Spaß! Jetzt bin ich gar nicht mehr so grummelig!

Papa: Das freut mich! Es tut gut, Danke zu sagen. Und Gott freut sich darüber!

Mats: Was steht denn da noch drin in dem Ps... Wie war das nochmal?

Papa: Psalm. Das ist ein Lied der Menschen von früher. Ich les noch mal was: „Jubelt dem Herrn zu, ihr Bewohner der Erde, seid fröhlich und lobt ihn laut" (Vers 4, Neues Leben. Die Bibel)!

Mats: Jubeln?

Papa: Ja! Das heißt, man ruft laut, dass Gott toll ist. Wie ein lautes „Hurra!", das wir Gott zurufen!

Mats: Das will ich machen! Und laut sein darf ich dann auch, nicht wahr?

Papa: Genau! Ich habe eine Idee! Komm, wir holen das große Schwungtuch!

Aktion 3: Gott zujubeln

Ein großes Schwungtuch wird auf den Boden gelegt. Die Soft- und Strandbälle werden daraufgelegt. Alle fassen gemeinsam das Schwungtuch an und heben es auf Kommando hoch und runter. Wenn es oben ist, rufen alle laut einen vereinbarten Jubelruf (z. B. „Hurra!"). Das kann man beliebig oft machen. Danach wird eine Melodie gespielt und alle setzen sich wieder.

Material: großes Schwungtuch, Soft- und Strandbälle

Szene 5: Mats und Papa sagen Gott mit Instrumenten „Danke"

Mats: Jippieh! Ich will nochmal!

Papa: Wir finden bestimmt noch was, wie wir Gott Danke sagen können.

Mats: Ja genau! Lies doch mal! In dem Psulm ...

Papa: Psalm heißt das.

Mats: Ist ja egal. Da in dem, was da drin steht halt!

Papa: O. k. „Lobt den Herrn mit der Harfe, mit der Harfe und mit schönen Liedern, mit Trompeten und Hörnern. Spielt dem Herrn, eurem König, eine fröhliche Melodie" (Verse 5-6, Neues Leben. Die Bibel).

Mats: Ach schade! Ich hab keine Harfe. Ich kann nicht Trompete spielen. Und was ist denn bitte schön ein Horn?

Papa: Das sind alles Musikinstrumente.

Mats: Und was machen wir jetzt?

Papa: Wir können doch auch mit anderen Sachen Musik machen! Das geht ganz einfach!

Mats: Jetzt sag schon!

Papa: Wir machen uns eine Zupfkiste und singen dann unser neues Lied mit den Zupfkisten!

Mats: Au ja!

Aktion 4: Zupfkisten basteln

Auf den Tischen stehen kleine Pappschachteln mit Haushaltsgummis sowie Stifte, Klebebänder und Aufkleber. Die Kinder nehmen sich eine Pappschachtel und gestalten sie mit den Materialien. Am Ende spannen sie drei bis vier Gummis herum. Zupft man an diesen, gibt es eine schöne, leise Melodie. Wenn die Musik spielt, setzen sich alle mit ihren Zupfkisten zurück an ihren Platz.

Material: kleine Pappschachteln, Haushaltsgummis, Stifte, Klebebänder, Aufkleber

Mats: Schau mal meine Zupfkiste! Ist die nicht schön?

Papa: Sehr schön! Ihr habt ja jetzt alle so tolle Zupfkisten! Kommt, wir singen das Lied vom Anfang noch mal! Und da können wir ganz viel dazu zupfen!

Wir singen und zupfen gemeinsam: „Singt für ihn"

Einmal kann das Lied nur mit Zupfen gespielt werden. So hören alle ihre Instrumente.

Szene 6: Die ganze Welt soll Gott „Danke" sagen

Mats: Darf ich die Zupfkiste behalten?

Papa: Na klar! Dann kannst du damit immer wieder Gott Danke sagen für die schönen Dinge, die er gemacht hat!

Mats: Ist der Psolm jetzt aus?

Papa: Psalm Mats, so heißt das! Noch nicht ganz. Habt ihr denn überhaupt noch Kraft für noch eine Danke-Aktion?

Mats: Jaaa!

Papa: Soll ich dann weiterlesen?

Mats: Jaaa!

Papa: Also dann: „Das Meer und alles was darin ist, soll ihn preisen! Die Erde und alles was auf ihr lebt, juble ihm zu. Die Flüsse sollen vor Freude in die Hände klatschen! Die Berge sollen fröhliche Lieder singen vor dem Herrn (Verse 7-9a, Neues Leben. Die Bibel).

Mats: (prustet los) Das ist ja witzig: klatschende Flüsse? Die haben doch gar keine Hände! (Mats fragt die Kinder.) Habt ihr schon mal einen Fluss mit Armen gesehen? Und was war da noch?

Papa: Die Berge sollen singen!

Mats: Singende Berge! Das hab ich noch nie gesehen! Die haben doch keinen Mund! Die müssten aber eine tiefe Stimme haben, so ... (macht eine tiefe Stimme).

Papa: Das stimmt (lacht). Nein Mats, das ist ein bisschen anders gemeint.

Mats: Wie denn?

Papa: Das soll heißen, dass alle auf der Welt Gott Danke sagen sollen! Denn er hat überall so tolle Sachen gemacht!

Mats: Aber wie kann ich das tun?

Papa: Ich hab da eine Idee! Schau mal. Hier habe ich eine Karte. Da steht drauf: „Danke lieber Gott für ..." und da kann ich eine Sonne, eine Blume oder anderes hinmalen. Eigentlich alles, was ich toll finde. Und wenn du das gemacht hast, dann sage ich dir, wie es weitergeht!

Mats: Da bin ich aber gespannt!

Aktion 5: Danke-Kärtchen malen
Die Kinder füllen mit ihren Eltern die Kärtchen aus. Sie müssen auf dünnes Papier gedruckt sein, damit sie nicht zu schwer für die Luftballons sind. Wenn alle fertig sind, setzen sie sich mit ihren Kärtchen wieder auf ihren Platz.
Material: dünne DIN-A5-Zettel mit dem Aufdruck „Danke lieber Gott für ...“

Mats: Und jetzt Papa? Sag schon!

Papa: Jetzt schaut mal: Ich habe hier einen Luftballon, der fliegen kann! An die Schnur binde ich meine Karte! Die kann ich dann mit dem Luftballon fliegen lassen. So fliegt mein Dankeschön in den Himmel. Und gleichzeitig wird es über die ganze Welt verbreitet!

Mats: Wow! Das ist toll! Darf ich das machen?

Papa: Na klar! Wir wollen die Luftballons gemeinsam fliegen lassen. Wir gehen nach draußen. Am Ausgang bekommt ihr einen Luftballon. Da bindet ihr mit euren Eltern die Karte dran. Dann halten wir ihn gut fest und stellen uns im Kreis auf.

Aktion 6: Luftballonstart
Papa erklärt, dass wir von zehn bis null herunterzählen und dann laut „Danke!“ rufen und die Luftballons loslassen. Beim Aufstieg kann nochmals „Singt für ihn“ gemeinsam gesungen werden.
Material: heliumgeeignete Luftballons mit leichten Schnüren, Helium

Alternativvorschlag zum Luftballonstart: Man kann die Zettel auch in Briefumschläge stecken, und die Kinder bekommen die Aufgabe, diesen Brief bei irgendjemanden auf dem Heimweg in den Briefkasten zu stecken. So erfährt der Ort, wofür man Gott Danke sagen kann.

Wir geben uns die Hände und beten
Lieber Gott, heute haben wir gesehen, was du Tolles gemacht hast! Wir haben dir Danke gesagt, mit Singen, Jubeln, Zupfen und Ballons! Bitte behüte uns, wenn wir nach Hause gehen. Hilf uns, daran zu denken, was du alles für uns gemacht hast!
Amen

Wir singen das Segenslied
Der Vater im Himmel segne dich

Wir empfangen Gottes Segen
Und so segne euch Gott, der Vater, der Sohn und der heilige Geist!
Amen

Wir hören auf die Musik und gehen nach Hause
Die Kinder dürfen ihre Zupfkisten als Erinnerung mit nach Hause nehmen.

Happy Birthday, liebe Kirche!

Bibelstelle: Apostelgeschichte 2,1-13; 43-47
Zielgedanke: Die Kinder erfahren im Rollenspiel, dass Jesus durch den Heiligen Geist bei uns ist, auch wenn wir ihn nicht sehen. Sie lernen Pfingsten als Geburtsstunde der Kirche kennen.
Kurzbeschreibung Anspiel: Matthäus ist ganz aufgeregt. Er hat das Pfingstwunder miterlebt und erzählt seinen Freunden davon. Diese lassen sich von der Freude anstecken. Sie treffen sich mit anderen, um Gott zu feiern. Die Gemeinde wird immer größer – schließlich beschließen sie, eine Kirche zu bauen. Bei diesem Gottesdienst bietet sich ein anschließendes Gemeindefest als Geburtstagsfeier für die Kirche an.
Kurzbeschreibung Aktionen:
- Gemeinsam mit den Kindern wird eine Kirche gebaut.
- Optional: Gemeinsam wird ein Geburtstagsfest für die Kirche mit Spielstationen gefeiert.

Mindestanzahl Mitarbeitende (10/14):
- 8 Personen für das Anspiel
- 4 zusätzliche Helfer / Helferinnen für die Spielstationen im Falle eines Geburtstagsfestes
- 1 Musiker/Musikerin
- 1 Person für die Gottesdienstleitung

Materialaufwand:
Vorbereitungsaufwand: (ohne Geburtstagsfeier)
(mit Geburtstagsfeier)

Materialliste
(nur für den Gottesdienst)
- Verkleidungen für
  - Matthäus, den Jünger
  - Michael, den Maurer
  - Samuel, den Gärtner
  - Daniel, den Hirten
- Requisiten
  - Steine und Kelle für Michael
  - Gießkanne und Blumen für Samuel
  - Schafe für Daniel
  - Fächer oder Ventilatoren
  - Strandmuschel als Haus
  - Decken
  - Tischdecke
  - Saft, Kuchen, Äpfel, Brot
- Tische, Stühle
- Becher, Teller
- Plakat auf Flipchart und Stifte
- Softbausteine zum Erbauen der Kirche (bei Kindergärten oder Sportvereinen fragen)
- Luftballons und Luftschlangen zum Schmücken des Raumes
- Konfetti in Körbchen
- Muffins oder Kekse zum Verteilen

Erlebnisgottesdienst-Vorbereitung

- Aufbauen der Bühne: Eine Strandmuschel wird mit Decken verkleidet. Auf dem Boden wird eine Decke ausgebreitet, auf die sich die Jünger setzen können.
- Neben dem Haus wird ein Flipchart mit Stift und Plakat aufgestellt.
- Jeweils drei Tischgruppen mit den Requisiten von Michael, Samuel und Daniel darauf aufbauen. An die Tische einen Stuhl stellen, damit man leichter hinaufkommt.
- Große Softbausteine im ganzen Raum verstecken.
- Konfetti in Körbchen füllen und versteckt bereithalten.
- Raum mit Luftballons und Luftschlangen schmücken.

Quellen der Lieder

Einfach Spitze (Daniel Kallauch)

- Du bist Herr Kids 1, Nummer 33
- Einfach Spitze, Nummer 1
- Feiert Jesus! Kids – Liederbuch, Nummer 1
- Kinder feiern Jesus, Nummer 3
- Kommt und singt – Liederbuch für die Jugend, Nummer 193

Komm, sag es allen weiter (Friedrich Walz)

- Evangelisches Gesangbuch, Nummer 225
- Kommt und singt – Liederbuch für die Jugend, Nummer 286

Hallelu Hallelu Hallelu Halleluja, preiset den Herrn (mündlich überliefert)

- Du bist Herr Kids 1, Nummer 65
- Feiert Jesus! Kids – Liederbuch, Nummer 33
- Kommt und singt – Liederbuch für die Jugend, Nummer 226

Gottes große Liebe (Daniel Kallauch)

- Einfach Spitze, Nummer 15
- Feiert Jesus! Kids – Liederbuch, Nummer 142
- Kinder feiern Jesus, Nummer 18

Gottes Liebe ist so wunderbar (überliefert)

- Feiert Jesus! Kids – Liederbuch, Nummer 28
- Kommt und singt – Liederbuch für die Jugend, Nummer 484

Der Vater im Himmel segne dich (Segenslied) (Mike Müllerbauer)

- Einfach Spitze, Nummer 150
- Feiert Jesus! Kids – Liederbuch, Nummer 173

Vorlagen, Fotos von Beispielen

Ein Foto einer fertig erbauten Kirche liegt als Download vor.

Kurzauslegung des Bibeltextes

Apostelgeschichte 2,1-13; 43-47

Quellen dieser Informationen:
De Boor, Werner: Die Apostelgeschichte. In: Laubach, Fritz / Pohl, Adolf / Stoll, Klaus-Dieter: Wuppertaler Studienbibel, R.Brockhaus, Wuppertal 1973, S. 47 ff.
Neudorfer, Heinz-Werner: Apostelgeschichte Teil 1. In: Maier, Gerhard (Hg.): Edition C Bibelkommentar. Neues Testament, Bd.3 Apostelgeschichte, Römer, Korinther, SCM R.Brockhaus, Witten 2013, S. 40 ff.

Personen

Anwesend in dem Raum, in dem das Pfingstwunder geschah, waren die 12 Apostel mit Matthias anstelle von Judas. Das Pfingstwunder wurde aber auch von vielen anderen Menschen bemerkt (Vers 6), die neugierig herbeikamen. Diese stehen für den Evangelisten als Vertreter der gesamten jüdischen Weltbevölkerung.

Ort

Die Jünger sind in Jerusalem (Apg 1,4).

Zeit

Am 50. Tag nach Passah fand das Fest der Ernte statt (3. Mose / Levitikus 23,15 ff.). Dadurch waren in Jerusalem auch viele Menschen aus verschiedenen Ländern versammelt.

Ereignis

Die Jünger sitzen beim Fest der Ernte am Morgen zusammen. Jesus hatte ihnen befohlen, in Jerusalem zu bleiben und auf die Sendung des Heiligen Geistes zu warten. Eine Assoziation mit „Geist" im Sinne von „Gespenst" ist falsch. Lukas, der die Apostelgeschichte verfasst hat, beschreibt das Pfingstfest so: Plötzlich ist ein Brausen wie das Rauschen eines mächtigen Sturmes zu hören. Dann lassen sich auf jeden Jünger kleine Flammen nieder. Sie werden mit dem Heiligen Geist erfüllt und beginnen, in verschiedenen Sprachen zu reden und Gott zu loben. Im Hebräischen kann das Wort für „Wind" auch „Lebensatem" bedeuten. Der Heilige Geist kam sichtbar und hörbar. Die anderen Menschen um sie herum werden durch das Brausen auf das Geschehen aufmerksam und können die Jünger in ihrer eigenen Sprache hören. Sie hören diese nicht predigen, sondern Gott loben und preisen (Vers 11). Mit der anschließenden Missionsrede des vom Geist erfüllten Petrus wird die Gemeinde Jesu geboren, die Mission aller Weltvölker beginnt. Durch die Wirkung des Heiligen Geistes versammeln sich immer mehr Gläubige. Sie glauben und leben im Alltag zusammen (Verse 42-47).

Kernaussage

- Der Heilige Geist befähigt uns, von den Taten Gottes überzeugend weiterzuerzählen.
- Der Heilige Geist lässt die Gemeinde Jesu wachsen.
- Pfingsten ist die Geburtsstunde der Mission und der christlichen Gemeinde.
- Wir sollen uns neu vom Heiligen Geist erfüllen lassen und uns an den Taten Gottes freuen.

Mit den Augen der Kinder sehen

Elementare Strukturen

Gott wurde an Pfingsten für die Jünger in einer neuen Weise spürbar. Sie erfuhren, dass Jesus da ist, auch wenn sie ihn nicht mehr so sehen konnten, wie in der Zeit nach seiner Auferstehung. Diese Erfahrung bewirkt, dass Menschen von diesem Glauben angesteckt werden.

Elementare Erfahrungen

Kinder können sich an vielen Sachen freuen und gehen meist fröhlicher und unbeschwerter durch das Leben. Auch Wind kennen sie und haben ihn schon oft gespürt. Deshalb wird bei diesem Gottesdienst an solche Erfahrungen, der Freude und das Spüren des Windes, angeknüpft.

Elementare Zugänge

Da die Kinder in diesem Alter mystisch denken, können sie das Wunder, das an Pfingsten geschah, leichter annehmen und sich daran freuen, ohne es zu hinterfragen. Es ist für Kinder jedoch schwierig, die Symbolik des Windes und der Flammen zu verstehen. Kinder stellen sich bei der Geschichte vor, dass wirklich Flammen über den Köpfen geschwebt haben. Das wird im Anspiel aufgegriffen.
Auch der Heilige Geist ist für die Kinder zu abstrakt und schwer verständlich. Darum wird im Gottesdienst der Heilige Geist damit umschrieben werden, dass durch ihn Jesus für uns da ist, obwohl wir ihn nicht sehen. So wie auch der Wind spürbar ist, obwohl wir ihn nicht sehen.

Elementare Wahrheit

Jesus ist immer bei uns, auch wenn wir ihn nicht sehen. Er ist der Grund, warum wir Gottesdienst feiern.

Erlebnisgottesdienst-Ablauf

Wir hören auf die Musik

Wir werden begrüßt

Heute ist ein großes Fest! Die Kirche lädt uns ein, mit ihr Geburtstag zu feiern! Es ist schön, dass so viele heute gekommen sind! Schön, dass ihr mit uns allen die Kirche feiern wollt! Ich bin echt schon gespannt, was heute hier gemacht wird! Gott freut sich! Er feiert mit uns!
Denn wir feiern diesen Gottesdienst im Namen Gottes (nach oben zeigen), der uns liebt (ein Herz aus den Händen formen), der uns beschützt (Arme wie einen Schirm über den Kopf halten), und der uns von allen Seiten umgibt (einmal im Kreis drehen).
Amen (Hände falten)

Wir singen gemeinsam

Einfach Spitze

Wir beten gemeinsam

Das Gebet hat einen Vers, der sich ein paarmal wiederholt. Vor dem Gebet werden die Bewegungen dazu mit den Kindern eingeübt.

Heute hat die Kirche Geburtstag!
Wir können in sie hineingehen und sie anschauen!
Wir spüren: Gott ist bei uns!
Darum jubeln wir Gott zu:

Stampft mit den Füßen (Stampfen)
Klatscht mit den Händen dazu (Klatschen)
Werft die Arme in die Luft und ruft: Juchuu! (Arme in die Luft werfen und Juchuu jubeln!)

Heute hat die Kirche Geburtstag!
Wir treffen dort Leute, die an Gott glauben.
Wir spüren: Gott liebt uns alle!
Darum jubeln wir Gott zu:

Stampft mit den Füßen (Stampfen)
Klatscht mit den Händen dazu (Klatschen)
Werft die Arme in die Luft und ruft: Juchuu! (Arme in die Luft werfen und Juchuu jubeln!)

Heute hat die Kirche Geburtstag!
Wir können beten und mit Gott reden.
Wir spüren: Er ist immer da für uns!
Darum jubeln wir Gott zu:

Stampft mit den Füßen (Stampfen)
Klatscht mit den Händen dazu (Klatschen)
Werft die Arme in die Luft und ruft: Juchuu! (Arme in die Luft werfen und Juchuu jubeln!)

Heute hat die Kirche Geburtstag!
Gott ist da, auch wenn wir ihn nicht sehen können.
Wir spüren: Er ist überall um uns herum!
Darum jubeln wir Gott zu:

Stampft mit den Füßen (Stampfen)
Klatscht mit den Händen dazu (Klatschen)
Werft die Arme in die Luft und ruft: Juchuu! (Arme in die Luft werfen und Juchuu jubeln!)

Amen

(In Anlehnung an eine Idee aus: Messerschmidt, Brigitte: Dir kann ich alles sagen, Gott. Psalmenübertragungen nicht nur für Kinder, Rheinischer Verband für Kindergottesdienst, Wuppertal, S. 47.)

Wir erleben, was an Pfingsten geschah

Szene 1: Matthäus trifft Michael

(Das Pfingstwunder ist bereits geschehen. Matthäus, ein Jünger, ist erfasst von der Freude und dem Feuer des Heiligen Geistes. Er ist auf dem Weg zur Gemeinde. Er geht fröhlich durch die Straßen und verkündet, dass Jesus immer bei ihm ist! Dabei trifft er auf seine Freunde Michael, Samuel und Daniel und steckt sie mit der Freude an! Sie kommen mit zum Haus.
Die Freunde sind im Raum verteilt. Sie stehen auf Tischen, damit sie von den Kindern besser gesehen werden, und gehen ihren Arbeiten nach. Matthäus läuft fröhlich springend und singt: „Komm, sag es allen weiter“. Er fordert die Kinder auf, mitzusingen.)

Wir singen: Komm, sag es allen weiter (nur den Kehrvers)

(Matthäus trifft seinen Freund Michael, den Maurer. Michael mauert langsam vor sich hin. Matthäus kommt fröhlich vorbeigelaufen. Er geht zu Michael auf den Tisch.)

Matthäus: Michael! Schnell! Komm! Hör auf zu bauen! Es ist etwas Wunderbares passiert! (Matthäus nimmt Michael einen Stein aus der Hand.)
Michael: Gib mir den Stein, Matthäus! Ich kann nicht aufhören! Ich muss die Mauer fertig bauen! Ich habe wirklich keine Zeit!
Matthäus: Jetzt komm! Es ist wirklich wichtig! Das darfst du nicht verpassen!
Michael: Du sprühst ja richtig vor Freude. So kenn ich dich gar nicht! Du warst doch so traurig, weil Jesus nicht mehr da ist.
Matthäus: Das stimmt! Aber jetzt ist was Tolles passiert!
Michael: Na, was denn? Dann erzähl halt!

Matthäus: Stell dir vor: Wir waren gerade alle zusammen. Alle Freunde und Freundinnen von Jesus. In meinem Haus. Am Tisch. Da hören wir auf einmal ein lautes Rauschen! So: Schschschsch. Und das hat sich so angefühlt ... (Matthäus hält Michael einen kleinen Ventilator hin). Seht Kinder so ...

(Die Mitarbeitenden richten Ventilatoren auf die Kinder. Die Kinder spüren den Wind.)

Michael: Was? Ein Rauschen und ein Wind in deinem Wohnzimmer? Wo kam der denn her? Hast du dein Fenster offen gelassen?

Matthäus: Aber nein! Der Wind, der machte es plötzlich ganz warm in uns allen! Und dann kamen da noch Flammen!

Michael: Was? Es hat gebrannt?

Matthäus: Aber nein! Der Wind und die Flammen, die haben es ganz warm in uns allen gemacht! Und auf einmal haben wir gemerkt: Jesus ist da! Er sagt zu uns: Ihr seht mich nicht, aber ich bin da! Ich bin in euch und um euch herum! Wind können wir ja auch nicht sehen, aber er ist da! Das haben wir gespürt! Das hat uns total begeistert. Danach haben wir die ganze Zeit Gott Danke gesagt! Wir konnten gar nicht anders! So fröhlich sind wir geworden!

Michael: Echt?

Matthäus: Ja! Immer mehr Menschen spüren, dass Jesus da ist, auch wenn wir ihn nicht sehen! Wir treffen uns alle jetzt in meinem Haus! Komm mit!

Michael: Na, das muss ich unbedingt auch erleben! Ich komm mit!

(Michael lässt alles stehen und geht mit Matthäus weiter. Sie singen wieder und fordern die Kinder zum Mitsingen auf.)

Wir singen gemeinsam: Komm, sag es allen weiter (Kehrvers)

Szene 2: Matthäus und Michael treffen Samuel

(Michael und Matthäus kommen bei Samuel, dem Gärtner, vorbei. Samuel gießt gerade seine Blumen.)

Samuel: Michael, Matthäus! Was ist denn mit euch los?

Matthäus: Wir sind sooo fröhlich!

Samuel: Worüber freut ihr euch denn? Hat jemand Geburtstag?

Michael: Stell dir vor! Matthäus hat mir erzählt, dass Jesus doch bei uns ist!

Samuel: Wie? Ich kann ihn gar nicht sehen!

Matthäus: Fühl einmal ... Spürst du es?

(Matthäus fächert Samuel Luft zu. Die Kinder dürfen das auch tun.)

Samuel: Das ist Wind.

Michael: Und? Wie sah der Wind aus?

Samuel: So ein Quatsch, den sieht man doch nicht!

Matthäus: Genau! Jesus ist da, auch wenn wir ihn nicht sehen! Er macht uns so fröhlich! Komm mit, wir wollen Jesus feiern! Bestimmt spürst du das dann auch!

Samuel: Da hast du recht! Ich geh mit (stellt die Gießkanne weg). Das möchte ich auch erleben! Lasst uns noch kurz bei meinem Freund Daniel, dem Hirten, vorbeigehen! Er soll das auch wissen!

(Sie gehen weiter. Matthäus fordert wieder alle zum Mitsingen auf.)

Wir singen gemeinsam: Komm, sag es allen weiter (Kehrvers)

Szene 3: Matthäus, Michael und Samuel treffen Daniel

(Matthäus, Michael und Samuel gehen zu Daniel. Der steht auf dem Feld und hütet seine Schafe. Er träumt vor sich hin.)

Samuel: Daaaniel! Daaaaniel!
Daniel: Samuel! Hast du mich erschreckt!
Samuel: Komm! Pack deine Sachen und komm mit!
Daniel: Was hast du denn?
Samuel: Jesus ist bei uns! Auch wenn wir ihn nicht sehen! Komm!
Daniel: Ehrlich! Das ist ja toll! Wartet, ich komm mit!
(Sie laufen alle gemeinsam weiter und fordern die Kinder zum Mitsingen auf.)

Wir singen gemeinsam: Komm, sag es allen weiter (Kehrvers)

Szene 4: Wir bauen eine Kirche

(Sie kommen im Haus (eine Strandmuschel) an und setzen sich. Es kommen noch mehr Menschen, sodass es richtig eng wird! In der Mitte liegt eine Tischdecke. Darauf stehen Becher und Teller. Die Menschen bringen etwas zu essen mit. Während sie sagen, was sie dabeihaben, legen sie es auf die Tischdecke.)

Mensch 1: Ich habe Brot mitgebracht! Das können wir teilen!
Mensch 2: Ich habe Äpfel dabei!
Mensch 3: Ich habe Saft mitgebracht!
Mensch 4: Ich habe einen Kuchen gebacken!
Matthäus: Toll! Kommt, wir sagen Jesus Danke dafür, dass er uns so gut versorgt!

Wir singen gemeinsam: Gottes große Liebe

Matthäus: Lasst uns vor dem Essen beten! (Alle falten die Hände) Jesus, du bist da, hier bei uns, auch wenn wir dich nicht sehen. Danke, dass du uns so viel zu essen gibst! Danke, dass du bei uns bist! Amen – Guten Appetit!
(Alle beginnen zu essen. Es werden immer mehr Menschen und es wird richtig eng. Dadurch kommen sie sich immer wieder in die Quere. Sie erzählen sich vom Wind und vom Feuer.)
Michael: (steht nach einer Weile auf) Ich habe eine Idee! Unser Haus ist zu eng. Es sollen noch mehr Menschen erfahren, was passiert ist! Wisst ihr was? Wir bauen ein Haus! Ein riesiges Haus, das genug Platz für noch viel mehr Menschen hat! Dort können wir uns dann jeden Tag treffen!
Matthäus: Gute Idee! Das nennen wir dann „Kirche“! Das heißt „Gottes Haus“!
Samuel: Schaut mal, so könnte sie aussehen!
(Samuel macht auf einem Plakat eine Zeichnung von der Kirche.)
Daniel: Mit einem Turm – wie ein Pfeil, der zu Jesus in den Himmel zeigt!
Michael: Worauf warten wir noch? Kommt, wir suchen Steine und fangen an, zu bauen! Ihr Kinder! Wenn ihr uns helft, dann werden wir noch schneller fertig!

Aktion: Kirche bauen
Alle Personen des Anspiels motivieren die Kinder, Steine zu suchen (Softbausteine, die im Raum verteilt sind). Unter ihrer Anleitung bauen alle gemeinsam eine Kirche.
Material: Softbausteine

Wenn die Kirche fertig gebaut ist ...

Michael: (laut) Hurra! Seht sie an! Wie schön sie ist, unsere Kirche!
(Michael wirft Konfetti auf die Kirche. Alle Kinder bekommen welche und machen mit! Alle rufen laut: „Hurra!")
Matthäus: Kommt, wir singen der Kirche ein Geburtstagslied! Heute hat sie Geburtstag!

Wir singen gemeinsam: Happy Birthday to you, liebe Kirche!

Matthäus: Lasst uns noch mehr Danke-Lieder singen! Jetzt haben wir Platz für alle!

Wir singen gemeinsam
- Hallelu Hallelu Hallelu Halleluja, preiset den Herrn
- Gottes große Liebe
- Komm, sag es allen weiter
- Gottes Liebe ist so wunderbar

Wir beten gemeinsam
Danke, dass du uns den Wind spüren lässt! Danke, dass du uns fröhlich machst! Danke, dass du uns verstehst! Danke, dass du uns hörst! Danke, dass wir so ein tolles Haus haben, in dem wir uns treffen können! Danke, dass du immer da bist, auch wenn wir dich nicht sehen können! Bitte hilf uns, dass wir Menschen hierher einladen! Bitte hilf uns, alle Menschen so zu mögen, wie sie sind! Bitte, lass uns nie vergessen, dass wir uns zusammen an dir freuen können! Wir beten gemeinsam: Vater Unser ...
Amen

Wir singen das Segenslied
Der Vater im Himmel segne dich

Wir empfangen Gottes Segen
So segne euch Gott, der Vater, der uns liebt, der Sohn, der bei uns ist und der Heilige Geist, der uns fröhlich macht!
Amen

Wir hören auf die Musik und gehen zum Fest / nach Hause
Am Ausgang bekommen alle Kinder einen Geburtstagskeks oder einen Muffin geschenkt.

Ideen für das Gemeindefest (optional)

Das Gemeindefest wird wie ein Kindergeburtstag gefeiert. Die Kirche lädt ein. Von Seiten der Kirche werden zum Beispiel Würstchen und Brot angeboten. Die Eltern dürfen das Buffet mit Salaten und Nachtischen bereichern. Jeder/jede bringt sein Geschirr selbst mit, das hält den Aufwand gering (dies alles sollte auf der Geburtstagseinladung stehen). Es gibt Spielstationen, für die man einen Stempel erhält, wenn man sie gemacht hat. Dazu werden Laufkarten in Form der Kirche ausgeteilt. Diese Stationen werden von den Mitarbeitenden und, wenn nötig, noch von Gemeindegliedern betreut. Die Stationen sollen keinen Wettkampfcharakter haben.
Material: für jede Station ein Stempel und Laufkarten für jedes Kind

Vorschlag für die Stationen

Plakat malen: Ein großes Stoffbanner gestalten auf dem „Happy Birthday, liebe Kirche" steht. Darauf dürfen alle Besucher/Besucherinnen ihre Hände drucken und gute Wünsche für die Kirche aufschreiben. Das Banner kann dann an der Außenwand der Kirche befestigt werden.
Material: großes Laken, Stoffmalfarbe, Pinsel, Waschlappen zum Säubern der Hände

Gummistiefelslalom: Die Kinder müssen in zu großen Gummistiefeln einen Parcours ablaufen.
Material: Gummistiefel (große Größen), Hindernisse für einen Parcours

Schubkarreneierlauf: Die Kinder dürfen sich in eine Schubkarre setzen und von den Eltern im Slalom durch den Parcours fahren lassen. Größere Kinder können dabei noch einen Löffel mit einem Plastikei/Ball festhalten, das nicht herunterfallen darf.
Material: Schubkarren, Hindernisse für einen Parcours, Löffel und Plastikeier/Bälle

Schatzsuche: Die Kinder dürfen im Sand nach Schokogoldtalern graben.
Material: Wanne mit Sand, Schokogoldtaler

Luftballontiere: Luftballontiere für die Kinder machen.
Material: Luftballons für Luftballontiere und Pumpen

Dosenwerfen: Die Kinder werfen mit einem Ball einen Stapel Dosen um.
Material: Dosen, Bälle

Schminken: Die Kinder werden geschminkt.
Material: Kinderschminke, Waschlappen

JESUS RUFT: KOMMT ZU MIR! KINDERSEGNUNG

Bibelstelle: Markus 10,13-16

Zielgedanke: Die Kinder erfahren im Rollenspiel, dass Jesus sie so liebt, wie sie sind. Sie sollen spüren, dass er sie mit seinem Segen behütet und beschützt.

Kurzbeschreibung Anspiel: Lisa wird im Kindergarten beim Spielen ausgegrenzt. Das macht sie sehr traurig und sie geht missmutig nach Hause. Ihre Mutter erkennt das, sie sprechen über die Situation und sie erzählt mit Hilfe von Standbildern die Geschichte der Kindersegnung.

Kurzbeschreibung Aktionen:

- Die Kinder spielen beim Anspiel mit.
- Die Kinder werden von ihren Eltern gesegnet.
- Die Kinder verzieren einen Bilderrahmen.
- Die Erwachsenen schreiben auf einen Spiegel für diesen Rahmen, was sie an ihren Kindern so begeistert.
- Die Erwachsenen lesen den Kindern vor, was sie aufgeschrieben haben.

Mindestanzahl Mitarbeitende (9-10):

- 2 Personen für das Anspiel
- 4 Personen für das Standbild
- 1-2 Helfer/Helferinnen für die Bastelarbeit (können auch die Mitarbeitenden vom Standbild sein)
- 1 Musiker/Musikerin
- 1 Person für die Gottesdienstleitung

Materialaufwand:

Vorbereitungsaufwand:

Materialliste

- Tisch, Stühle, bequeme Sitzgelegenheiten (z. B. Sitzsack)
- Geschirr mit Essen und Trinken
- Kinderbibel
- weißes Gewand für Jesus
- 3 braune Gewänder für die Jünger
- Absperrband
- Schere
- Holzrahmen/Papprahmen
- Glitzersteine, Sticker, Wachsmalstifte
- Kleber
- Spiegelkarton (qualitativ so gut wie echte Spiegel, kann aber zugeschnitten werden)
- wasserfeste Fineliner

Erlebnisgottesdienst-Vorbereitung

- Errichten der Bühne: Esszimmer mit Tisch und Stühlen, daneben eine gemütliche Sitzgelegenheit, z. B. ein Sofa oder einen Sitzsack. Darüber hinaus braucht man Geschirr und eine Kleinigkeit zu essen und zu trinken.
- Gewänder, Absperrband, Schere und Kinderbibel vorne bereitlegen.
- Aufbauen der Bastelstationen: Bilderrahmen ohne Glas auf den Tischen verteilen. Den Spiegelkarton passend zuschneiden und auch verteilen. Wasserfeste Stifte, Wachsmalstifte, Glitzersteine, Kleber und Sticker auf den Tischen bereitstellen. Darauf achten, dass es an den Tischen Platz für Erwachsene und Kinder geben muss, da beide etwas machen müssen.
- Ein Beispiel vorbasteln.

Quellen der Lieder

Einfach Spitze (Daniel Kallauch)

- Du bist Herr Kids 1, Nummer 33
- Einfach Spitze, Nummer 1
- Feiert Jesus! Kids – Liederbuch, Nummer 1
- Kinder feiern Jesus, Nummer 3
- Kommt und singt – Liederbuch für die Jugend, Nummer 193

Schwappdidu (Mike Müllerbauer)

- Einfach Spitze, Nummer 13
- Feiert Jesus! Kids – Liederbuch, Nummer 105

Der Vater im Himmel segne dich (Segenslied) (Mike Müllerbauer)

- Einfach Spitze, Nummer 150
- Feiert Jesus! Kids – Liederbuch, Nummer 173

Kurzauslegung des Bibeltextes

Markus 10,13-16

Quelle dieser Informationen:
Maier, Gerhard: Markus-Evangelium. In: Ders. (Hg.) Edition C Bibelkommentar. Neues Testament, Bd. 1: Matthäus, Markus, SCM R.Brockhaus, Witten 2013, S. 417 ff.

Personen

Jesus ist die Hauptperson. Seine Jünger hatten die Aufgabe, den Zugang zu Jesus zu regeln (Vers 13). Die Kinder, deren Eltern nicht explizit erwähnt werden, werden von ihnen abgewehrt.

Ort

Geht man von der vorigen Stelle, Markus 10,1-12, aus, dann ist Jesus zu diesem Zeitpunkt im Gebiet von Judäa, östlich des Jordans (Vers 1).

Zeit

Zu welcher Zeit das Ereignis stattfindet, lässt sich aus dem Text nicht ermitteln.

Ereignis

Die Jünger regeln den Zugang zu Jesus. Dabei wehren sie die Kinder ab. Vermutlich denken sie, dass das Reich Gottes nur für Erwachsene ist. Jesus aber ärgert sich sehr darüber. Er wird „unwillig“ und widerspricht ihnen vehement: „Lasst doch die Kinder zu mir kommen, hindert sie nicht daran. Denn für Menschen wie sie ist das Reich Gottes da“ (Vers 14, BasisBibel). Jesus stellt klar: Das Reich Gottes kann man sich nicht durch richtige Taten verdienen, nein, man muss es empfangen, wie ein Kind. – Warum wie ein Kind? Ein Kind empfängt ein Geschenk fröhlich, dankbar und ohne Hintergedanken. Ein Kind ist ganz auf seine Eltern angewiesen und von ihnen abhängig. Es erwartet sich alles von ihnen. Auch die Jünger sollen in solcher Offenheit vor Gott sein wie Kinder. Denn das, was sie empfangen haben, ist ein Geschenk Gottes und kein Verdienst. Des Weiteren zeigt Jesus durch sein Verhalten, dass auch Kinder schon einen Glauben haben, der ernst zu nehmen ist. Er nimmt die Kinder auf seinen Schoß und segnet sie. Mit dem Segen spricht er ihnen zu, dass sein himmlischer Vater sich ihnen zuwendet, für sie da sein will und Gutes für sie möchte.

Kernaussagen

- Ablehnung und Ausgrenzung sowie Überheblichkeit gegenüber anderen entsprechen nicht dem Willen Jesu.
- Erwachsene sollen vor Gott sein wie Kinder: Sie sollen sich bewusst sein, dass auch sie vom Vater im Himmel abhängig und beschenkt sind.
- Kinder haben im Gottesdienst ihren Platz und ihre Berechtigung. Jesus zeigt: Er liebt und segnet sie; er nimmt die Kinder ernst.

Mit den Augen der Kinder sehen

Elementare Strukturen

Ablehnung, wie Kinder sie in ihrem Alltag manchmal erfahren, ist nicht das, was Jesus möchte. Vielmehr zeigt Jesus mit dieser Geschichte, dass Kinder unendlich wertvoll sind und er sie liebt. Er verspricht ihnen mit seinem Segen, dass er immer bei ihnen ist und sie beschützt.

Elementare Erfahrungen

Kinder erleben – oft auch von uns Erwachsenen –, dass sie nicht dabei sein dürfen, ausgegrenzt werden. Sei es durch aktive Ausgrenzung oder eben dadurch, dass sie von den Themen nichts verstehen. Sie erleben Ausgrenzung auch im Kindergarten oder unter anderen Spielkameraden/Spielkameradinnen. Da lässt der Freund / die Freundin sie plötzlich nicht mehr mitspielen und spielt mit jemand anderem. Das macht sie traurig.

Elementare Zugänge

Kinder lernen nicht nur durch Zuhören, vielmehr lernen sie durch Stimmungen und Emotionen. Fühlen sie sich wohl, so können sie sich öffnen. Ist ihnen unwohl, so werden sie ängstlich und verschließen sich. Eine liebevolle, wertschätzende und willkommene Gottesdienstatmosphäre eröffnet den Kindern den Zugang zum Thema. Der Begriff „Segen" ist abstrakt und kann von den Kindern noch nicht verstanden werden. Um hier für sie einen Zugang zu schaffen, muss dieses Wort im Erlebnisgottesdienst kindgerecht erläutert werden. Vor allem soll es durch die Segenshandlung für die Kinder erfahrbar werden.

Elementare Wahrheit

Jesus liebt Kinder, nimmt sie an und segnet sie, so wie sie sind.

Erlebnisgottesdienst-Ablauf

Wir hören auf die Musik

Wir werden begrüßt

Heute Morgen staune ich! Ich staune und staune! Wisst ihr warum? Weil hier so tolle Kinder sind! Und ihr seht alle ganz anders aus! Wow! Wie schön! Und auch die Erwachsenen! Ich freue mich so, dass ihr alle da seid: so toll und einmalig wie ihr seid! Und ich freue mich, dass auch Gott da ist! Denn mit ihm wollen wir zusammen sein!
Wir feiern diesen Gottesdienst im Namen Gottes (nach oben zeigen), der uns liebt (ein Herz aus den Händen formen), der uns beschützt (Arme wie einen Schirm über den Kopf halten) und der uns von allen Seiten umgibt (einmal im Kreis drehen).
Amen (Hände falten)

Wir singen gemeinsam

Einfach Spitze

Wir beten gemeinsam

Bevor wir beten, üben wir die Bewegungen des Kehrverses miteinander.

Alle: Gott (nach oben zeigen), du beschützt mich von oben (nach oben zeigen), von unten (nach unten zeigen), von vorne (nach vorne zeigen) und von hinten (nach hinten zeigen).

Mitarbeiter/Mitarbeiterin: Manchmal habe ich Angst. Angst, weil die Großen so stark sind und ich so schwach. Manchmal brauche ich jemanden, der mir hilft, wenn ich nicht so mutig bin. Dann denke ich daran:

Alle: Gott (nach oben zeigen), du beschützt mich von oben (nach oben zeigen), von unten (nach unten zeigen), von vorne (nach vorne zeigen) und von hinten (nach hinten zeigen).

Mitarbeiter/Mitarbeiterin: Manchmal ist mir alles zu viel. Ich weiß gar nicht mehr, wo ich anfangen soll. Manchmal brauche ich jemanden, der mir zeigt, was ich machen soll. Dann denke ich daran:

Alle: Gott (nach oben zeigen), du beschützt mich von oben (nach oben zeigen), von unten (nach unten zeigen), von vorne (nach vorne zeigen) und von hinten (nach hinten zeigen).

Mitarbeiter/Mitarbeiterin: Manchmal freue ich mich! Ich freue mich an der Sonne, an den Menschen, an allem, was du gemacht hast! Ich möchte nie vergessen:

Alle: Gott (nach oben zeigen), du beschützt mich von oben (nach oben zeigen), von unten (nach unten zeigen), von vorne (nach vorne zeigen) und von hinten (nach hinten zeigen).
Amen

Wir hören und sehen Lisa und ihre Mama

Szene 1: Lisa hat schlechte Laune

(Vorne ist ein Wohnzimmer hergerichtet: ein Esstisch, eine gemütliche Sitzgelegenheit (Sofa, Sitzsack o. Ä.). Die Mutter steht vorne und deckt den Tisch für das Mittagessen. Es klingelt an der Tür. Lisa kommt vom Kindergarten. Sie ist ganz still und wirkt traurig.)

Mama: Hallo Lisa, schön, dass du wieder da bist! Wie war's denn im Kindergarten?

Lisa: Mmmh. Ich will nichts sagen.

Mama: Oh, du scheinst ja nicht so gut gelaunt zu sein ... Komm, setz dich erst mal her und iss etwas, vielleicht geht es dann schon besser.

(Mutter und Lisa setzen sich an den Tisch. Sie geben sich die Hände und beten.)

Beide: Für dich und für mich ist der Tisch gedeckt, hab Dank, lieber Gott, dass es uns gut schmeckt. Amen

(Lisa isst still vor sich hin ...)

Mama: Mensch Lisa, was ist denn los? Hat dich was geärgert?

Lisa: Geärgert? Ich hab mich nur geärgert. Die ganze Zeit!

Mama: Hast du dich mit Mathilda gestritten?

Lisa: Nein.

Mama: Hat dich eine Erzieherin geärgert?

Lisa: Nein!

Mama: Mmmh ... was gibt es denn noch? Hat dich jemand anderes geärgert?

Lisa: Ja, genau!

Mama: Na, dann erzähl doch mal, was war denn los?

Lisa: Die blöden Großen im Kindi! Die wollen immer über alles bestimmen!

Mama: Wie jetzt?

Lisa: Ja genau! Das war heute so gemein!

Mama: Jetzt sag schon!

Lisa: Ich hab mit Mathilda draußen im Garten gespielt. Wir haben Mutter-Vater-Kind gespielt und wollten gerade zu den Dreirädern, weil die unsere Autos waren. Und dann saßen da Lasse und Mia drauf, die das Gleiche gespielt haben!

Mama: Und dann?

Lisa: Und dann haben wir gefragt, ob wir mitspielen und auch ein Auto haben dürfen.

Mama: Ja?

Lisa: Und dann haben die gesagt, dass wir gar nicht mitspielen dürfen und dass sie schon gar nicht mit uns spielen wollen. Wir sind viel zu klein, haben die gesagt. Und außerdem dürften nur Kinder mit schwarzen Haaren bei ihnen mitspielen und wir haben braune! Das war so gemein.

Mama: Das ist es wirklich.

Lisa: Die haben uns unser ganzes Spiel kaputt gemacht, die Dummen! Wir konnten dann gar nicht mehr spielen! Nur weil wir nicht so sind wie die!

Mama: Oh, das kenne ich. So was war bei mir auch früher im Kindergarten. Und ich weiß genau, wie sauer und traurig ich war, wenn ich nicht mitspielen durfte! Nur weil sie das nicht wollten! Weißt du, was ich dann gemacht habe?

Lisa: Was?

Mama: Ich bin zu meiner Mama gerannt. Und weißt du, was sie gesagt hat?

Lisa: Nö.

Mama: Sie hat gesagt, dass es jemanden gibt, dem ist es ganz egal, wie groß ich bin, wie alt ich bin, welche Farbe meine Haare haben oder sonst was. Er liebt mich, so wie ich bin! Und dann hat sie ein Lied mit mir gesungen. Soll ich es dir mal beibringen?

Lisa: Ja!

Mama: Ich sag es vor. Das ist ein Gute-Laune-Lied. Deshalb macht man immer „Schwappdidu!"

Wir singen gemeinsam: Schwappdidu, Gott kennt meinen Namen
Die Mutter bringt das Lied: „Schwappdidu, Gott kennt meinen Namen" allen Kindern und Erwachsenen bei, wenn man mag, mit Bewegungen.

Szene 2: Jesus ruft die Kinder zu sich

Lisa: Das ist ja ein lustiges Lied! Gott liebt mich, so wie ich bin! Aber woher weiß ich das denn so genau?

Mama: Komm, wir räumen jetzt den Tisch ab und in der Mittagspause lese ich dir mal eine Geschichte von Jesus vor.

(Sie räumen den Tisch ab und machen es sich auf dem Sofa / den Sitzsäcken gemütlich. Mama holt die Kinderbibel raus. Sie erzählt die Geschichte mithilfe von Standbildern mit echten Personen. Dazu stellt sie zu jeder Szene die Personen hin und erklärt, was passiert ist.)

Mama: Also, pass auf. Die Geschichte steht in der Bibel. Ach, wir machen das so. Ich spiel die Geschichte mal nach und du schaust zu, o.k.? Ich brauche jetzt mal einen Jesus (holt sich einen Mitarbeiter / eine Mitarbeiterin). Jesus erkennen wir in den Geschichten immer daran, dass er ein weißes Gewand trägt.

(Der Mitarbeiter / die Mitarbeiterin bekommt ein Gewand angezogen.)

Jesus steht hier und erzählt den Menschen tolle Dinge! Er macht sie gesund! Und hilft ihnen!

Jetzt brauchen wir noch Jünger, das sind die Freunde von Jesus. Eigentlich hatte Jesus zwölf von ihnen ganz nah um sich herum, wir nehmen heute nur drei.

(Mama sucht sich drei Jünger aus, ebenfalls Mitarbeitende oder eingewiesene Personen.)

Die Jünger haben jetzt ein braunes Gewand an (ziehen ein braunes Gewand an).

Und dann geschah Folgendes: Ganz viele Leute kamen und wollten zu Jesus. Die Freunde von ihm passten immer gut auf, dass es kein zu großes Durcheinander gab. Wir brauchen jetzt zehn Erwachsene, die nach vorne kommen und zu Jesus gehen und ihm die Hand schütteln.

(Die Mama fordert die Eltern auf, Jesus die Hand zu schütteln. Die Erwachsenen machen eine Schlange, und die Jünger schauen, dass alles geordnet zugeht. Sie laufen an Jesus vorbei, schütteln ihm die Hände und setzen sich wieder hin.)

An diesem Tag kamen ganz viele Kinder zusammen mit ihren Eltern. Sie wollten auch zu Jesus. Steht ihr Kinder doch mal auf und geht zu den Jüngern!

(Ein Mitarbeiter / eine Mitarbeiterin steht mit den Kindern auf und möchte mit ihnen zu Jesus gehen.)

Die Jünger fragten die Kinder: „Was wollt ihr hier?"
Da könnt ihr schon selbst antworten. Wo wollt ihr hin?

(Kinder antworten lassen: „Wir wollen zu Jesus!" – mit Unterstützung der Mama und Lisa)

Aber die Jünger sagten: „Nein! Zu Jesus dürft ihr nicht! Ihr seid zu klein!" Sie passten gut auf, dass keiner an ihnen vorbeikam.

(Die Jünger ziehen ein Absperrband zwischen Jesus und den Kindern entlang, sodass sie nicht mehr zu Jesus können. Sie halten es in ihren Händen fest.)

Lisa: Aber das ist doch gemein! Als ob Jesus nur die Großen gern hat und nur die zu ihm kommen dürfen! Warum machen die denn das?

Mama: Wahrscheinlich dachten sie wirklich, das geht nicht. Vielleicht dachten sie, dass Jesus für so Kleine keine Zeit hat. Dass er Wichtigeres zu tun hat. Sie haben sie von Jesus getrennt.

Lisa: Und dann? Sind sie wieder heimgegangen?

Mama: Nein! Jesus ist hergekommen und hat zu den Jüngern gesagt: „Lasst sie durch! Die Kinder sollen zu mir kommen! Versperrt ihnen nicht den Weg! Ihr Großen sollt so einen Glauben haben wie die Kleinen!" Und dann machte er die Absperrung auf.

(Jesus nimmt eine Schere und zerschneidet das Band.)

Dann nahm er die Kinder in seine Arme und segnete sie!

(Die Kinder gehen nach vorne zu Jesus und setzen sich danach wieder hin.)

Lisa: Da bin ich aber froh! Das find ich toll, dass Jesus die Kinder sogar noch in den Arm genommen hat! So lieb hat er uns Kinder! Das ist toll!

Mama: Ja genau! Jesus sagt zu allen, dass sie kommen dürfen! Er ruft alle zu sich, weil er sie so liebt wie sie sind.

Lisa: So wie in dem Lied?

Mama: Ja genau, lass uns das noch mal singen!

Wir singen gemeinsam: Schwappdidu, Gott kennt meinen Namen

Szene 3: Die Kinder werden gesegnet

Mama: Das Tolle ist, Gott liebt uns nicht nur so, wie wir sind, sondern er segnet uns auch heute!

Lisa: Mama, was ist denn eigentlich segnen?

Mama: Wenn Gott uns segnet, dann zeigt er uns, wie lieb er uns hat! Er sagt, dass es gut ist, dass genau du da bist! Dann verspricht er uns, dass er auf uns aufpasst, uns beschützt und uns stark und mutig macht!

Lisa: Das ist ja toll! Jesus liebt mich nicht nur, sondern er passt auch auf mich auf?

Mama: Genau! Und weißt du, was ganz toll ist? Ich kann Jesus bitten, dass er dich segnet!

Lisa: Was? Echt? So wie damals?

Mama: Ja genau!

Lisa: Dann mach das! Ich will, dass Jesus mich beschützt!

Mama: Dann machen wir das doch alle gemeinsam! Ihr dürft euch jetzt auf den Schoß von eurer Mama, eurem Papa, eurer Oma oder eurem Opa setzen. Und dann wollen wir alle gemeinsam euch als Kinder segnen!

(Die Kinder suchen ihre Eltern und setzen sich auf den Schoß.)

Mama: Wenn wir jemanden segnen, legen wir ihm die Hände auf den Kopf. Das soll zeigen, dass Gott euch beschützt und seine Hand immer mit euch ist! Darum legen euch jetzt eure Eltern oder Großeltern die Hand auf den Kopf oder die Schulter. (Die Mama macht es mit.) Dann sprechen wir euch gemeinsam den Segen zu. Ich spreche vor und eure Eltern oder Großeltern sprechen es ganz allein für euch nach:

Mein liebes Kind, Gott segne dich!
So nah wie meine Hand ist er bei dir!
Er macht dich mutig und stark,
er beschützt dich weit weg und hier!
So segne dich unser Gott!
Amen

(Die Melodie des Segensliedes wird gespielt. Nach einem Durchlauf fangen die Mitarbeitenden an zu singen: „Der Vater im Himmel segne dich ...“. Alle anderen können mit einstimmen.)

Mama: Wenn Gott uns segnet, dann sagt er uns, dass er uns ganz toll findet. Deshalb dürfen euch heute eure Eltern sagen, was sie an euch so toll finden. Dazu gestalten die Kinder einen Bilderrahmen und die Eltern schreiben auf einen Spiegel, was sie an ihnen richtig super finden. Wenn das Segenslied kommt, treffen wir uns mit den Spiegeln wieder hier.

Aktion: Wir basteln und schreiben

Die Kinder bekommen einen Holzrahmen/Papprahmen, Wachsmalstifte, Glitzersteine, Kleber und Sticker, um ihren Rahmen schön zu gestalten. Die Erwachsenen bekommen einen Spiegelkarton – bereits in passender Größe für den Rahmen zugeschnitten und wasserfeste Stifte. Sie schreiben auf den Spiegel, was sie an ihrem Kind begeistert. Der Spiegel wird dann in den fertigen Bilderrahmen (ohne Glasscheibe) hineingelegt. Wenn die Musik anfängt zu spielen, nehmen alle ihre fertigen Rahmen und kommen wieder in den Kreis.

Material: Holzrahmen/Papprahmen, Wachsmalstifte, Glitzersteine, Kleber, Sticker, Spiegelkarton, wasserfester Fineliner

Wir singen gemeinsam
Der Vater im Himmel segne dich

Wir hören, was die Eltern aufgeschrieben haben
Während die Musik weiter spielt, lesen die Eltern ihren Kindern vor, was sie auf die Spiegel geschrieben haben. Wenn das Reden leiser wird, wird das Lied wiederholt.

Wir singen das Segenslied
Der Vater im Himmel segne dich

Wir empfangen Gottes Segen
Der Herr segne dich – er hält seine Hand immer über dir!
Der Herr segne dich – er geht mit dir jeden Schritt!
Der Herr segne dich – er hat dich toll gemacht!
Der Herr segne dich – er liebt dich genauso wie du bist!
Amen

Wir hören auf die Musik und gehen nach Hause
Die Kinder nehmen ihre Spiegel als Erinnerung mit nach Hause.

Hab keine Angst, Jona!

Bibelstelle: Jona 1 – 2
Zielgedanke: Die Kinder erfahren durch das Rollenspiel, dass sie ihre Angst an Gott abgeben können und er sie nie allein lässt.
Kurzbeschreibung Anspiel: Emil hat Angst vor dem neuen Kindergarten. Er bekommt Besuch von Opa Jona, der ihm seine Geschichte erzählt.
Kurzbeschreibung Aktionen: Die Kinder werden mit ins Anspiel hineingenommen.
- Sorgenrucksack packen
- sich im Schiff verstecken
- in den Walbauch kriechen
- Sorgen in den Sorgentopf werfen
- aus dem Walbauch kriechen

Mindestanzahl Mitarbeitende (5-6):
- 2 Personen für das Anspiel
- 1-2 zusätzliche Helfer/Helferinnen für die Bastelaktion und das Herstellen des Windes
- 1 Musiker/Musikerin
- 1 Person für die Gottesdienstleitung

Materialaufwand: 🏠🏠🏠
Vorbereitungsaufwand: ✋✋✋

Materialliste

- Versteckmöglichkeit und Sitzgelegenheiten auf der Bühne
- Steinhaufen aus Steinen, die in Rucksäcke gepackt werden können
- Rucksäcke für Opa Jona und Emil
- eventuell Ersatzrucksäcke für Kinder, die ihren Rucksack vergessen haben
- Schiffskulisse aus Pappe: nur Schiffsheck und Bug ausschneiden und bemalen
- Decken, Kisten
- Klebeband für den Boden
- blaue Planen / Mülltüten
- Ventilatoren
- Walkulisse aus Pappe: nur Kopf mit Mund und ein Extrateil als Schwanz ausschneiden und bemalen
- Krabbeltunnel
- dunkle Tücher und Müll für das Walinnere
- große Schale / Feuerschale
- Tontöpfchen für jedes Kind (Baumarkt)
- schmales Malerkrepp für die Tontöpfchen
- Wachsmalstifte, Abtönfarbe, Pinsel
- Wasserbehälter
- Malerkittel
- Edding
- Zettel mit Aufschrift: ______ Sorgentopf! Alle meine Angst gebe ich bei Jesus ab.
- Kieselsteine für alle Kinder

Erlebnisgottesdienst-Vorbereitung

- Einladung: Bitte unbedingt auf die Einladungen und Plakate schreiben, dass jedes Kind einen kleinen Rucksack oder eine Tasche mitbringen soll.
- Ausgangssituation: Kinderzimmer mit Versteckmöglichkeit und Sitzmöglichkeit, daneben ein großer Steinhaufen
- Umriss eines Schiffes (neben der Bühne): Hierfür zwei große Schiffsspitzen aus Pappe herstellen und diese vor die Wand stellen. Dazwischen liegen Decken und Kisten. Wenn möglich die Verbindungslinie zwischen Schiffsanfang und Ende mit Klebeband auf den Boden kleben. Vor das Schiff werden blaue Planen gelegt (Mülltüten) und Ventilatoren aufgestellt.
- Walbauch (neben dem Schiff): Es wird eine Höhle aus dunklen Tüchern gebaut. Aus Pappe wird ein Walkopf und ein Walschwanz geschnitten. Hinter den Walkopf einen Krabbeltunnel legen. Auf den dunklen Tüchern im Wal liegt Müll und es steht dort eine große Schale (z. B. Feuerschale).
- Basteltische aufbauen (wenn möglich in einem extra Raum).
- Sorgentopf als Beispiel basteln.

Quellen der Lieder

Einfach Spitze (Daniel Kallauch)
- Du bist Herr Kids 1, Nummer 33
- Einfach Spitze, Nummer 1
- Feiert Jesus! Kids – Liederbuch, Nummer 1
- Kinder feiern Jesus, Nummer 3
- Kommt und singt – Liederbuch für die Jugend, Nummer 193

Absoluto guto (Mike Müllerbauer)
- Einfach Spitze, Nummer 137
- Feiert Jesus! Kids – Liederbuch, Nummer 110

Spar dir deine Sorgen (Mike Müllerbauer)
- Feiert Jesus! Kids – Liederbuch, Nummer 120

Der Vater im Himmel segne dich (Segenslied) (Mike Müllerbauer)
- Einfach Spitze, Nummer 150
- Feiert Jesus! Kids – Liederbuch, Nummer 173

Vorlagen, Fotos von Beispielen

Ein Foto des Bühnenbildes liegt als Download vor.

Kurzauslegung des Bibeltextes

Jona 1 – 2

Quellen dieser Informationen:
Maier, Gerhard: Der Prophet Jona. In: Ders. / Pohl, Adolf (Hg.): Wuppertaler Studienbibel, R.Brockhaus, Wuppertal 1976, S. 13 ff.
Renz, Johannes: Assur, Assyrien. In: Betz, Otto / Ego, Beate / Grimm, Werner: Calwer Bibellexikon, Bd. 1, Calwer Verlag, Stuttgart 2003, S. 125 ff.
Das Buch Jona, unter: www.bibelwerk.de/mitgliederbereich.34519.html, letzter Zugriff am 30.12.2016.
Die Prophetenbücher des Alten Testaments, unter: www.die-bibel.de/bibeln/bibelkenntnis/inhalt-und-aufbau-der-bibel/altes-testament/prophetenbuecher, letzter Zugriff am 30.12.2016.

Personen

Die Hauptrolle spielt der Prophet Jona. Er hat durch seinen Prophetendienst eine besondere Beziehung zu Gott. Gott redet direkt mit ihm und sendet ihm Aufträge.
Die Mannschaft auf dem Schiff bestand aus Matrosen unterschiedlicher Nationen und Religionen.

Ort

Jona wird von Gott nach Ninive geschickt, das religiöse und politische Zentrum der Assyrer. Die Assyrer waren Feinde Israels bis sie als Führungsmacht von den Babyloniern abgelöst wurden. Ihre fremde Kultur und Religion waren eine Bedrohung für Israel. Jonas Weg führt nach Jafo einer Hafenstadt, von dort aus will er weit über das Mittelmeer nach Tarsis fahren – einer Stadt in Spanien. Ninive und Tarsis liegen genau in entgegengesetzten Richtungen.

Zeit

Das Wirken Jonas wird auf die Zeit von König Jerobeam II datiert, der von 788 bis 748 v. Chr. regierte.

Ereignis

Jona bekommt von Gott den Auftrag, nach Ninive zu gehen und den Assyrern zu verkünden, dass ihre „Bosheit" zu Gott aufsteigt (Jona 1,1-2). Jona widersetzt sich diesem Auftrag und macht genau das Gegenteil: Er reist in die entgegengesetzte Richtung. Seine Aufgabe ist ihm zu groß. Doch Gott gibt Jona nicht auf: Er schickt einen Sturm, der das Leben aller auf dem Schiff bedroht. Die Matrosen werfen auf der Suche nach dem Schuldigen das Los, welches auf Jona fällt. Jona versteht, wer den Sturm geschickt hat, und fordert die Mannschaft auf, ihn über Bord zu werfen. Für ihn ist nun alles aus. Aber Gott schickt einen großen Fisch (Jona 2,1). Jona war sich sicher, dass das nun sein Ende bedeutete. Aber Gott stärkt Jona und dieser begreift, dass Gott mit ihm geht und sie gemeinsam diese Aufgabe bewältigen können. Nach drei Tagen befiehlt Gott dem Fisch, Jona auszuspucken.

Kernaussage

- In der ganzen Erzählung geht es um die Güte Gottes, die auch Gottes Strafandrohung umschließt. Der Gottesdienst greift aber nur den ersten Teil der Erzählung auf.
- Jona wird hier den Kindern als Beispiel vorgestellt, wie die Angst vor einem großen Auftrag überwunden werden kann.
- Gott gibt Menschen Aufträge, steht ihnen dabei aber mit seiner Treue, mit Geduld und Liebe bei.
- Wenn wir uns in unserer Angst im Gebet an Gott wenden, merken wir, dass er da ist und seine Kraft in uns wirkt.

Mit den Augen der Kinder sehen

Elementare Strukturen

Jona hat Angst und fühlt sich überfordert. Deshalb haut er ab. Dann erlebt er, dass Gott ihn trotzdem begleitet, dass er an ihm festhält und ihn liebt. Diese Erfahrung macht ihn stark. Die Struktur ist der Dreischritt: Angst/Überforderung – Begegnung mit Gott – Stärkung/Mut.

Elementare Erfahrungen

Kinder haben Angst. Sie haben Angst, dass ein Elternteil nicht wiederkommt. Sie haben Angst, allein zu bleiben oder vor anderen Kindern, die sie ärgern. An dieses Gefühl kann man gut anknüpfen und so den Kindern eine Strategie vermitteln, was sie gegen Angst tun können.

Elementare Zugänge

Kinderglaube hinterfragt die Möglichkeiten von Gottes Handeln nicht. Für sie ist klar, dass Gott einen Mann von einem Fisch verschlucken lassen kann, schließlich hat er ja mehr Möglichkeiten als wir Menschen. Einen Zugang finden die Kinder zur elementaren Wahrheit durch die Erlebbarkeit der Geschichte und das Verstehen der Gefühle Jonas.

Elementare Wahrheit

Angst ist ein ganz normales menschliches Gefühl. Die Kinder sollen anhand von Jona spüren, dass Gott sie niemals allein lässt und sie darauf vertrauen können, dass er mit ihnen geht.

Erlebnisgottesdienst-Ablauf

Wir hören auf die Musik

Wir werden begrüßt

Guten Morgen! Hier sieht es aber aufregend aus! Ich glaube, wir erleben heute etwas Spannendes! Gemeinsam mit Gott, der auch bei uns im Gottesdienst ist!
Wir feiern ihn im Namen Gottes (nach oben zeigen), der uns liebt (ein Herz aus den Händen formen), der uns beschützt (Arme als Schirm über den Kopf halten) und der uns von allen Seiten umgibt (einmal im Kreis drehen).
Amen (Hände falten)

Wir singen gemeinsam

Einfach Spitze

Wir beten gemeinsam

(Das Gebet ist vom Psalm 121 inspiriert. Den Kehrvers zu Beginn üben.)

Alle: Gott, ich schaue hoch zu dir (hochschauen).
Ich weiß, du bist immer bei mir (sich selbst umarmen).
Du hilfst mir und hältst stets die Wacht (Schirm über dem Kopf machen)
über mich bei Tag (nach oben zeigen) und Nacht (nach unten zeigen).

Mitarbeiter/Mitarbeiterin: Lieber Gott, manchmal habe ich Angst. Ich habe Angst, wenn es draußen dunkel ist. Ich habe Angst, wenn ich allein bin. Bitte lass mich nicht vergessen:

Alle: Gott, ich schaue hoch zu dir (hochschauen).
Ich weiß, du bist immer bei mir (sich selbst umarmen).
Du hilfst mir und hältst stets die Wacht (Schirm über dem Kopf machen)
über mich bei Tag (nach oben zeigen) und Nacht (nach unten zeigen).

Mitarbeiter/Mitarbeiterin: Ich habe Angst vor Kindern, die mich ärgern. Ich habe Angst, dass meine Freunde nicht mehr da sind. Ich habe Angst, etwas falsch zu machen. Bitte lass mich nicht vergessen:

Alle: Gott, ich schaue hoch zu dir (hochschauen).
Ich weiß, du bist immer bei mir (sich selbst umarmen).
Du hilfst mir und hältst stets die Wacht (Schirm über dem Kopf machen)
über mich bei Tag (nach oben zeigen) und Nacht (nach unten zeigen).

Mitarbeiter/Mitarbeiterin: Manchmal habe ich Angst, dass ich jemanden, den ich mag, nicht wiedersehe. Und dass ich krank werde und nicht wieder gesund. Bitte lass mich nicht vergessen:

Alle: Gott, ich schaue hoch zu dir (hochschauen).
Ich weiß, du bist immer bei mir (sich selbst umarmen).
Du hilfst mir und hältst stets die Wacht (Schirm über dem Kopf machen)
über mich bei Tag (nach oben zeigen) und Nacht (nach unten zeigen).

Mitarbeiter/Mitarbeiterin: Danke, dass ich zu dir kommen kann! Danke, dass du mir zuhörst! Danke, dass du bei mir bist! Danke, dass immer gilt:

Alle: Gott, ich schaue hoch zu dir (hochschauen).
Ich weiß, du bist immer bei mir (sich selbst umarmen).
Du hilfst mir und hältst stets die Wacht (Schirm über dem Kopf machen)
über mich bei Tag (nach oben zeigen) und Nacht (nach unten zeigen).
Amen

Wir hören, erleben und sehen, was Jona erlebt hat

Szene 1: Emil hat Angst

(Emil versteckt sich. Opa Jona kommt und sucht ihn. Endlich hat er ihn gefunden.)

Opa: Emil! Da bist du ja! Ich habe dich schon überall gesucht!
Emil: (schluchzt)
Opa: Emil! Du weinst ja! Was ist denn mit dir los? (Pause) Jetzt komm doch mal zu mir!
Emil: (kriecht aus seinem Versteck und setzt sich weinend neben seinen Opa)
Opa: Emil! Was macht dich denn so traurig?
Emil: Opa Jona ... Morgen muss ich in den neuen Kindi (schluchzt). Ich will da nicht hin!
Opa: Mmh ...
Emil: Da kenn ich niemanden. Was ist, wenn die mich ärgern? Da will bestimmt niemand mit mir spielen! Da bin ich ganz allein!
Opa: Emil? Hast du denn Angst davor?
Emil: Ja (schluchzt). Ich will nicht da hin.
Opa: Ja, das kann ich verstehen. Stell dir vor, ich hatte auch mal große Angst.
Emil: Du hast doch nie Angst. Das weiß ich ganz genau!
Opa: Das stimmt nicht. Die Großen haben auch oft Angst. Angst hat doch jeder mal.
Emil: Echt?
Opa: Ja. Ich habe da mal was erlebt! Seitdem weiß ich, was ich tun kann, wenn ich Angst habe.
Emil: Kannst du mir das verraten?
Opa: Ja. Ich kenn ein Lied. Das möchte ich dir erst mal beibringen. Das habe ich seitdem immer im Kopf, wenn ich Angst habe. Und dann erzähl ich dir mein größtes Abenteuer, das ich jemals erlebt habe.

Wir singen gemeinsam: Absoluto guto

Emil: Bitte, sag mir jetzt ...
Opa: Ja. Pass auf. Kommt, Kinder. Wir setzen uns alle neben den Steinhaufen (am Rand der Bühne liegt ein großer Steinhaufen) und bringt euren Rucksack mit! (Alle kommen zum Steinhaufen und setzen sich.) Genau so saß ich auch da an jenem Tag ...
Emil: Opa ... Mach es nicht so spannend ...
Opa: Da hörte ich plötzlich eine Stimme: „Jona! Jona! Geh los! Lauf nach Ninive! Und erzähl den Menschen da, dass es mich gibt!" „Was?" – sagte ich – „Ninive? Das geht nicht! Die Menschen dort sind böse! Die jagen mich fort! Da geh ich nicht hin!"

Emil: Hey, das ist ja wie bei mir! Ich habe auch Angst, dass die Kinder nicht nett sind!

Opa: Genau! Das dachte ich auch. Und ich dachte nach ... Dann habe ich immer mehr Angst bekommen (er nimmt seinen Rucksack und einen Stein): Die Menschen sind böse (Stein in den Rucksack). Die Menschen wollen mich nicht sehen (Stein in den Rucksack). Die Menschen jagen mich weg (Stein in den Rucksack). Und so wurde meine Angst immer größer und mein Rucksack immer schwerer. So ist das mit der Angst. Die macht unseren Rucksack ganz schwer. Wovor habt ihr Angst? Überlegt mal. Und dann macht euch auch den Rucksack voller Steine.

Aktion 1: Steine in den Rucksack packen

Emil unterstützt und ermutigt die kleinen Kinder, etwas zu sagen und Steine in ihren Rucksack zu laden.

Material: Steine

Szene 2: Abhauen und verstecken

Opa: So, jetzt setzt mal euren Rucksack auf! (Opa hilft.)

Emil: Oh weh ... ich kann ihn kaum tragen. So schwer!

Opa: Genau so ging es mir auch. Ich habe gesagt: „Gott, das ist mir zu viel! Ich kann das nicht tragen! Ich mach das nicht!“ Und dann dachte ich, ich verstecke mich vor Gott. Dann lässt er mich in Ruhe.

Emil: Hinter dem Sofa habe ich auch gehofft, dass mich niemand findet. Ich möchte mich auch verstecken, damit ich morgen nicht in den blöden Kindi muss ...

Opa: So habe ich das auch ausprobiert! Ich bin aufgestanden, mit all meinem Gepäck, und so schnell es ging, losgerannt! Zum Hafen! Der war nicht weit! Und ich wusste, da steht ein Schiff, das kann mich ganz weit weg bringen.

Emil: Guter Plan!

Opa: Ja, kommt, wir rennen zum Schiff! Aber nicht so laut! Ich bin auch geschlichen, damit Gott mich nicht hört!

Aktion 2: Wir rennen zum Schiff

Alle rennen mit Opa Jona und Emil mitsamt den Rucksäcken zu einem Schiff, das in Umrissen an der Wand steht und steigen hinein. Wenn alle drin sind, wird Musik gespielt um ruhig zu werden.

Szene 3: Wir verstecken uns im Schiff

Opa: Kommt! Wir verstecken uns, dann kann uns niemand entdecken!

(In dem Schiff liegen Decken und stehen Kisten. Alle verstecken sich.)

Opa: So, jetzt sind wir gut versteckt! Ich habe gedacht: „Ja! Jetzt bin ich weg. Jetzt habe ich keine Angst mehr! Alles wird gut!“ Aber dann ...

Emil: Was dann?

Opa: Dann ... Hör mal.

(Um das Schiff herum liegen große blaue Planen. Die Mitarbeitenden und Eltern fangen an, mit den Planen Wellen zu machen. Mit Ventilatoren wird Wind gemacht.)

Emil: (fürchtet sich) Was ist das, Opa Jona?

Opa: Das ist ein Sturm! Es kam ein großer Sturm!

Emil: Oh nein! War er sehr schlimm?

Opa: Viel stärker noch als dieser! Das Schiff schaukelte und taumelte (spielt es nach), man konnte nicht mehr stehen. Die Wellen waren so groß, dass das Wasser ins Boot kam!

Emil: Und dann? Ist das Schiff untergegangen?

Opa: Nein! Ich habe den Matrosen gesagt, sie sollen mich ins Meer werfen!

Emil: Waaas? Aber dann gehst du doch unter? Vor allem mit dem schweren Gepäck!

Opa: Ja. Aber ich wusste genau: Gott hat den Sturm geschickt. Er folgt mir! Ich kann nicht mehr abhauen! Und da wusste ich nicht weiter! Und dann haben sie mich ins Meer geworfen (hüpft ins Meer). Kommt mit! (Alle hüpfen ins Meer.) Und plötzlich hat der Sturm aufgehört ... (alles wird still)

Emil: Aber was machen wir denn jetzt im Meer?

Opa: Ich habe gedacht: „Jetzt ist alles aus." Aber schau mal da drüben. Da kommt ein riesiger Wal! Und so einer hat mich verschluckt!

Aktion 3: Wir werden vom Wal verschlungen

Alle gehen zum großen Wal und krabbeln durch den Krabbeltunnel in den Walbauch. Musik wird gespielt, damit alle wieder ruhig werden.

Szene 4: Wir sitzen im Walbauch

Emil: Ihhh, ist es hier schmutzig ...

Opa: Da hast du recht ... wir sind ja jetzt auch im Walbauch. Da können wir sehen, was der Wal alles verschluckt hat.

Emil: Was hast du denn da gemacht?

Opa: Weißt du, ich war wirklich verzweifelt. Ich hatte solche Angst vor der Aufgabe, die Gott mir gegeben hat. Ich wollte das einfach nicht tun. Und dann hat Gott mich hier in den Walbauch gebracht ...

Emil: Und dann?

Opa: Dann saß ich da mit meinem schweren Rucksack ... Erst habe ich nichts gemacht. Da hatte ich einfach nur Angst. Und dann ...

Emil: Dann?

Opa: Dann habe ich angefangen, darüber nachzudenken, was alles in meinem Rucksack ist ... die ganzen Steine: dass ich Angst habe vor der großen Aufgabe, vor den vielen bösen Menschen dort ... Und dann habe ich ein Lied gehört im Walbauch ...

Emil: Wie? Hat das der Wal für dich gesungen?

Opa: Keine Ahnung ... vielleicht habe ich es auch nur in mir drin gehört. Auf jeden Fall glaube ich, dass Gott so mit mir gesprochen hat.

Emil: Was war das für ein Lied?

Opa: Hör mal!

Wir hören und singen dann gemeinsam: Spar dir deine Sorgen

Opa: Und dann habe ich gewusst, was ich tun muss: Ich muss alle meine Sorgen Gott sagen! Er möchte wissen, wovor ich Angst habe! Er möchte mich nicht allein lassen!

Emil: Echt? Dann hättest du ja gar nicht davonlaufen müssen!

Opa: Da hast du recht! Aber das habe ich nicht verstanden. Ich habe einfach nicht daran gedacht, dass Gott es gut mit mir meint! Und dass ich nicht allein bin!

Emil: Und dann?
Opa: Dann habe ich meinen Rucksack ausgepackt! Ich habe alle meine Angst Gott gesagt!
Emil: Darf ich das auch tun? Vielleicht hilft mir das?
Opa: Wie gut, dass der Wal eine große Schale verschluckt hat. Wir singen das Lied von eben noch einmal und bei „Zack zack" legen wir einen Stein in die Schale!

Aktion 4: Rucksäcke auspacken

Im Walbauch steht eine große Schale, in die die Steine gelegt werden können. Gemeinsam wird das Lied gesungen. Die Kinder und Opa packen dabei ihre Rucksäcke aus.
Material: große Schale

Szene 5: Wir werden ausgespuckt

Opa: Jetzt setzt mal euren Rucksack wieder auf! Ahhh ... wie leicht der nun ist! Jetzt fällt es mir viel leichter, zu laufen und das zu machen, was Gott von mir möchte!
Emil: Du hast recht! Das war ganz schön schwer!
Opa: Und das habe ich auch gespürt! Gott möchte meine Ängstesteine haben! Er trägt sie alle für mich. Er lässt mich nicht allein!
Emil: Geht er mit mir denn auch in den neuen Kindi?
Opa: Da bin ich mir sicher! Gott hört unsere Angst und er lässt uns nie allein! Weil er es absolut gut mit uns meint!
Emil: Ja?
Opa: Auf jeden Fall! Das möchte ich nie mehr vergessen! Ich habe ihm alles gesagt und gemerkt, dass ich meine Aufgabe zusammen mit ihm machen kann! Ich brauche keine Angst zu haben, denn Gott ist bei mir!
Emil: Du Opa? Wie bist du denn hier wieder rausgekommen?
Opa: Nach drei Tagen hat der Wal mich an Land ausgespuckt! Wahrscheinlich habe ich ihm doch nicht geschmeckt! Kommt! Wir klettern jetzt alle aus dem Walbauch und lassen die Steine da. Dann setzen wir uns wieder auf unseren Platz!

Aktion 5: Wir krabbeln aus dem Walbauch

Opa krabbelt mit allen Kindern durch den Tunnel aus dem Wal hinaus und sie setzen sich wieder.

Szene 6: Der Sorgentopf

Opa: Emil, weißt du was ich mir gemacht habe, damit ich das nie mehr vergesse?
Emil: Nee.
Opa: Ich habe mir einen Sorgentopf gemacht. Den habe ich in meinem Zimmer stehen. Schau, ich habe ihn dabei. Da steht drauf: „Alle meine Angst gebe ich bei Jesus ab!" Und daneben habe ich immer kleine Steine. Wenn mir etwas Angst macht, sage ich Jesus, wovor ich Angst habe. Dann lege ich einen Stein hinein und weiß, dass er sich um meine Angst kümmert!
Emil: Das möchte ich auch machen!
Opa: Schau, dann nimm einen Stein und sag, wovor du Angst hast! Jesus ist da und er wird dich hören!

Emil: (nimmt Steine und sagt, wovor er Angst hat) Ich habe Angst vor den vielen Kindern (Stein in den Topf). Ich habe Angst, dass ich geärgert werde (Stein rein).

Opa: Siehst du? Jesus geht mit dir und kümmert sich um dich! Jetzt hast du deine Angst ihm gegeben!

Emil: Das ist ja toll! Ich brauche auch so einen Topf wie du! Damit ich das immer machen kann, wenn ich wieder Angst habe!

Opa: Dann machen wir doch so einen Topf! Aber erst singen wir noch einmal das Lied zusammen.

Wir singen gemeinsam: Spar dir deine Sorgen

Aktion 6: Wir gestalten einen Sorgentopf

Alle Kinder kleben mit der Hilfe der Eltern einen Klebestreifen aus Malerkrepp auf ein Tontöpfchen, damit hinterher eine Lücke zum Beschriften bleibt. Dann malen sie den Topf bunt an. Wenn sie fertig sind, ziehen die Eltern den Klebestreifen ab und schreiben mit Edding in die Lücke: „(Name des Kindes) Sorgentopf! Alle meine Angst gebe ich bei Jesus ab.". Danach dürfen die Kinder den Topf noch mit Kieselsteinen füllen. Wenn Musik spielt, kommen alle wieder zusammen.

Material: Tontöpfchen, schmales Malerkrepp, Abtönfarbe, Wachsmalstifte, Pinsel, Wasserbehälter, Malerkittel, Edding, Kieselsteine

Emil: Danke, Opa Jona! Jetzt versuche ich morgen, in den neuen Kindi zu gehen!

Opa: Das finde ich toll! Komm, wir singen das Lied vom Anfang noch mal, damit du nicht vergisst, wie gut es Gott mit dir meint!

Wir singen gemeinsam: Absoluto guto

Wir beten gemeinsam

Es ist toll, Jesus, dass ich dir sagen kann, vor was ich Angst habe! Danke, dass du mir zuhörst! Lass mich nicht vergessen, dass du es absolut gut mit mir meinst! Lass mich nicht vergessen, dass du immer bei mir bist! – Gemeinsam beten wir: Vater Unser ... Amen

Wir singen das Segenslied

Der Vater im Himmel segne dich

Wir empfangen Gottes Segen

Der Herr segne dich! Er hält seine Hand über dir und passt auf dich auf!
Der Herr segne dich! Er helfe dir, ihm alle deine Angst zu sagen!
Der Herr segne dich! Er lasse dich wissen, dass er dich nie verlässt!
Amen

Wir hören auf die Musik und gehen nach Hause

Alle Kinder nehmen ihr Sorgentöpfchen mit nach Hause.

Jesus tröstet dich!
Die Emmausjünger

Bibelstelle: Lukas 24,13-35
Zielgedanke: Jesus ist stärker als Tod und Traurigkeit. Darum tröstet er uns und macht uns wieder fröhlich.
Kurzbeschreibung Anspiel: Henris und Mias Hase ist gestorben. Sie sind sehr traurig und wollen Omas Geburtstag nicht feiern. Oma kommt herein und zeigt ihnen mithilfe der Geschichte der Emmausjünger, dass Jesus sie trösten kann und dass er stärker ist als Tod und Traurigkeit.
Kurzbeschreibung Aktionen: Die Kinder laufen den Weg der Emmausjünger ab, indem sie ...

- Tränen ans Kreuz legen
- sich umarmen lassen
- Brot brechen
- Trostsäckchen basteln und füllen

Mindestanzahl Mitarbeitende (6):

- 3 Personen für das Anspiel
- 1 zusätzlicher Helfer / zusätzliche Helferin für Aktionen und Bastelarbeit
- 1 Musiker/Musikerin
- 1 Person für die Gottesdienstleitung

Materialaufwand: 🏠🏠
Vorbereitungsaufwand: ✋✋

Materialliste

- Hasenstall
- Sitzgelegenheiten für das Anspiel
- Karotten
- Kerze und Streichhölzer
- 3 biblische Erzählfiguren
- Kreuz aus Holz oder aus Papier
- dunkle Tücher, die um das Kreuz gelegt werden
- blaue Glassteine (Tränen)
- Steine als Wegumrandung
- 1 Herz mit einer Taschentücherbox hinten drangeklebt
- Moos
- grünes Tuch
- Fladenbrote
- Tischdecken
- Streuherzen als Tischdeko
- kleine Stoffsäckchen
- Stoffmalstifte
- kleine Taschentücher-Päckchen
- Schokoherzen/Herzluftballons
- Muffins

Erlebnisgottesdienst-Vorbereitung

- Aufbau eines kleinen Zimmers mit einem Hasenstall.
- Herzbox basteln: Ein Herz mit passendem Schlitz wird auf eine Taschentücherbox geklebt, sodass man die Taschentücher noch herausziehen kann. Um den Schlitz zu verdecken, kann man ein weiteres Herz so darüberkleben, dass man es aufklappen kann.
- Legematerialien sammeln und herrichten.
- Wege mit Steinen legen.
- Aufbau der drei Stationen: Kreuz, Wiese und Abendmahl
- Bastelmaterial und Füllung für Trostsäckchen herrichten.
- Muffins backen.

Quellen der Lieder

Einfach Spitze (Daniel Kallauch)

- Du bist Herr Kids 1, Nummer 33
- Einfach Spitze, Nummer 1
- Feiert Jesus! Kids – Liederbuch, Nummer 1
- Kinder feiern Jesus, Nummer 3
- Kommt und singt – Liederbuch für die Jugend, Nummer 193

Vom Anfang bis zum Ende (Daniel Kallauch)

- Du bist Herr Kids 1, Nummer 194
- Einfach Spitze, Nummer 14
- Feiert Jesus! Kids – Liederbuch, Nummer 176
- Kinder feiern Jesus, Nummer 36
- Kommt und singt – Liederbuch für die Jugend, Nummer 169

Hallelu Hallelu Hallelu Halleluja, preiset den Herrn (Hans-Ludwig Berger)

- Du bist Herr Kids 1, Nummer 65
- Feiert Jesus! Kids – Liederbuch, Nummer 33
- Kommt und singt – Liederbuch für die Jugend, Nummer 226

Gottes große Liebe (Daniel Kallauch)

- Einfach Spitze, Nummer 15
- Feiert Jesus! Kids – Liederbuch, Nummer 142
- Kinder feiern Jesus, Nummer 18

Der Vater im Himmel segne dich (Mike Müllerbauer)

- Einfach Spitze, Nummer 150
- Feiert Jesus! Kids – Liederbuch, Nummer 173

Vorlagen, Fotos von Beispielen

Fotos von den einzelnen Stationen und dem Bühnenbild liegen als Download vor.

Kurzauslegung des Bibeltextes

Lukas 24,13-35

Quelle dieser Informationen:
Maier, Gerhard: Lukas. In: Ders. (Hg.): Edition C Bibelkommentar. Neues Testament, Bd. 2, SCM R.Brockhaus, Witten 2013, S. 697-707.

Personen

Die Emmausjünger: Einer heißt Kleopas (Vers 18), der andere bleibt namenlos. Kleopas ist der Wortführer und damit der ältere von den beiden Jüngern.
Jesus: Er ist bereits auferstanden und körperlich anwesend, kann aber durch seine Auferstehung die Grenzen von Raum und Zeit überschreiten, was sein Verschwinden am Ende der Geschichte verdeutlicht.

Ort

Die Jünger gehen von Jerusalem, dem Ort der Kreuzigung Jesu, nach Emmaus. Die Lage des biblischen Emmaus ist nicht genau lokalisierbar. Verschiedene Orte nehmen bis heute für sich in Anspruch, dieser Ort zu sein. Es liegt, nach der Angabe im Text, 60 Stadien entfernt von Jerusalem. Eine Stadie entspricht 185 m, demnach sind die Jünger ca. 11 km gegangen.

Zeit

Es ist der dritte Tag nach Jesu Kreuzigung (Vers 21). Sie kommen bei Sonnenuntergang in Emmaus an, für den Weg benötigten sie einige Stunden. Sie haben die Rückkehr der Frauen am Grab miterlebt.

Ereignis

Die Emmausjünger unterhalten sich auf ihrem Weg über die vergangenen Ereignisse. Sie sind traurig und sehr verunsichert. Hatten sie vergeblich ihre Hoffnung auf Jesus gesetzt? Andererseits kam ihnen die Botschaft der Auferstehung durch die Frauen schon zu Ohren. Doch sie verstehen das Ganze noch nicht. Jesus kommt hinzu, doch sie erkennen ihn nicht. Sie wundern sich sehr über die Unwissenheit Jesu. Er scheint in Jerusalem sehr fremd zu sein, wenn er den Tod Jesu nicht mitbekommen hat. Sie erzählen daraufhin Jesus, was geschehen ist. Jesus öffnet ihnen zweimal die Augen: Erst erklärt er ihnen die gesamte Heilsgeschichte der Bibel. Dann bricht er das Brot beim gemeinsamen Essen: Sie sind in Emmaus angekommen und laden Jesus ein. Am Tisch verteilt ungewöhnlicherweise nicht der Hausherr das Essen, sondern Jesus. Sie erkennen ihn durch das Brotbrechen und wissen mit einem Mal, dass er lebt! Danach können sie ihn nicht mehr sehen, aber die Tatsache seiner Auferstehung bleibt für sie real. Die Jünger gehen augenblicklich zurück nach Jerusalem.

Kernaussage

- Jesus tröstet, indem er den Menschen zuhört, erklärt und zeigt, dass er bei ihnen ist.
- Jesus ist auferstanden und da, auch wenn wir ihn nicht sehen können.

Mit den Augen der Kinder sehen

Elementare Strukturen

Jesus geht den Weg der Trauer und Hoffnungslosigkeit mit. Er hilft, solche schmerzlichen Erfahrungen zu deuten und öffnet eine neue Lebensperspektive.

Elementare Erfahrungen

Viele Kinder machen schon im jüngsten Alter Erfahrungen mit Traurigkeit und Trauer. Sie sind zum Beispiel traurig, wenn der beste Freund oder die beste Freundin umzieht. Manche erleben Trauer, wenn schon früh ein nahes Familienmitglied stirbt. Es gibt ein ganz unterschiedliches Ausmaß an Trauer und Traurigkeit. Jedes Kind wird im Alltag immer wieder mit solchen Gefühlen konfrontiert.

Elementare Zugänge

Hierfür ist es sinnvoll, sich mit den Todesvorstellungen der Kinder zu befassen (weiterführende Leseempfehlung: Kretzschmar, Thomas: Tränen, Trauer, Hoffnungsschimmer – mit Kindern über den Tod reden, Born-Verlag, Kassel und buch+musik, Stuttgart 2010, S. 9 f.). Kleinkinder (null bis zwei Jahre) haben noch keine wirkliche Vorstellung vom Tod. Sie können diese weder verbalisieren noch machen sie sich Gedanken darüber. Die Ausnahme bildet der Verlust einer nahen Bezugsperson. Kleinkinder haben Angst davor, dass ihre Bezugsperson nicht mehr da ist. Sie haben noch kein Zeitgefühl, daher macht es für sie keinen Unterschied, ob jemand nur kurz den Raum verlässt oder für immer geht, also stirbt. Wenn die Bezugsperson verschwindet, fangen sie an zu protestieren und werden traurig. Die Traurigkeit verfliegt aber auch wieder schnell, wenn die Bezugsperson wieder auftaucht. Kindergartenkinder (drei bis sechs Jahre) kennen die Begriffe Tod und tot sein. Das Endgültige können sie jedoch noch nicht fassen. Vielmehr verbinden sie den Tod mit Abschied. Dass sie auch selbst sterben können, damit rechnen sie nicht. Auch Kindergartenkinder beschäftigen sich nur ausführlich mit dem Tod, wenn ein naher Verwandter gestorben ist. Dann stellen sie viele Fragen und reagieren darauf unterschiedlich: mit Trauer, Verzweiflung, Aggressivität und Abwesenheit. Den elementaren Zugang zum Thema „traurig sein" findet man darum bei Kindern von null bis fünf Jahren eher über das Thema „Abschied nehmen" als über den Tod an sich.

Elementare Wahrheit

Jesus hat den Tod und die Traurigkeit überwunden. Darum ist er unser Tröster und macht uns wieder fröhlich. Weil er lebt, dürfen auch wir Hoffnung in unserer Trauer haben.

Erlebnisgottesdienst-Ablauf

Wir hören auf die Musik

Wir werden begrüßt

Guten Morgen liebe Kinder, liebe Erwachsene! Schaut mal, ich habe hier ein Taschentuch dabei! Wisst ihr warum? Damit kann ich meine Nase putzen, wenn ich Schnupfen habe; ich kann meine Hände saubermachen, wenn sie schmutzig geworden sind. Und ich kann jemandem die Tränen abwischen, wenn er traurig ist. Ich bin gespannt, ob ich es heute gebrauchen kann!

Wir feiern diesen Gottesdienst im Namen Gottes (nach oben zeigen), der uns liebt (ein Herz aus den Händen formen), der uns beschützt (Arme als Schirm über den Kopf halten) und der uns von allen Seiten umgibt (einmal im Kreis drehen).

Amen (Hände falten)

Wir singen gemeinsam

Einfach Spitze

Wir beten gemeinsam

Wir beten mit Bewegungen. Macht mit!

Lieber Gott,
wenn ich fröhlich bin (ein Lachen mit den Fingern zeigen) und wenn ich tanze (tanzen),
wenn ich traurig bin (Kopf senken) und weine (Augen reiben),
dann weiß ich, du bist immer da für mich (Hände drehen und Hand aufs Herz legen).
Ich kann dir alles sagen (Hände als Sprechrohr vor den Mund); ich weiß, dass du mich verstehst (Hände zur Schale machen und nach oben halten).
Mit dir kann ich alles wagen (Hände ineinanderlegen), weil du mit mir gehst (gehen)!
Amen (Hände falten)

Wir erleben, wie Mia und Henri getröstet werden

Szene 1: Hoppel ist weg

(Henri und Mia sind sehr traurig. Ihr Hase Hoppel ist gestorben. Sie sitzen in ihrem Zimmer und schauen in den leeren Hasenstall.)

Mia: Henri, was machen wir jetzt nur? Hoppel ist nicht mehr da. Schau nur, der Käfig ist leer.

Henri: Ich weiß es auch nicht. Ich habe extra Karotten mitgebracht. Was mach ich jetzt nur damit?

Mia: Die wird unser Hoppel nie mehr essen können. Heute ist doch Omas Geburtstag. Aber ich muss die ganze Zeit an Hoppel denken und weinen. Ich mag nicht Geburtstag feiern.

Henri: Ich auch nicht. Ich hab auf gar nichts mehr Lust. Wenn Hoppel nicht mehr da ist, dann macht mir alles keinen Spaß mehr.

Mia: Jetzt schlaf ich nachts immer ganz allein in meinem Zimmer. Das will ich nicht. Ich will, dass er wieder da ist (weint).

(Es klopft an der Tür. Oma kommt herein.)

Oma: Henri, Mia! Da seid ihr ja! Kommt! Wir haben leckere Muffins, die wollt ihr bestimmt probieren! (Oma macht eine Pause und schaut sie an.) Oh weh! Ihr seht ja ganz traurig aus! Kommt her, lasst euch mal in den Arm nehmen!

(Oma geht zu Henri und Mia und nimmt sie in den Arm. Sie weinen.)

Oma: Jetzt sagt schon, was ist denn los?

Mia: Sieh nur (zeigt auf den Käfig), Hoppel ist weg! Für immer!

Henri: Meine Karotten, die kann er nie wieder essen!

Oma: Das ist ja traurig. Jetzt kann ich verstehen, dass ihr nicht Geburtstag feiern wollt.

(Sie setzen sich nebeneinander und schweigen.)

Oma: Wisst ihr was? Ich hole mal eine Kerze (holt Kerze). Komm, Henri, zünde sie an! Die Kerze sagt uns, dass wir nicht allein sind! Jesus ist da und tröstet uns! Und dann erzähle ich euch etwas!

Mia: Was möchtest du denn erzählen, Oma?

Oma: Es gibt etwas, das vor langer Zeit passiert ist! Wenn ich traurig bin, dann tröstet mich das!

Henri: Was denn?

Oma: Da waren zwei Männer. Die hatten früher andere Namen als wir. Der eine hieß Kleopas und den anderen nennen wir Simeon. Die waren furchtbar traurig.

Mia: Aber warum denn? Hatten die auch jemanden verloren?

Oma: Ja. Aber dann waren sie wieder so fröhlich, dass sie nur noch feiern konnten.

Henri: Wie geht das denn?

Oma: Erst singen wir ein Trostlied, und dann hören wir die Trostgeschichte!

Wir singen gemeinsam: Vom Anfang bis zum Ende

Szene 2: Die Emmausjünger weinen am Kreuz

(Oma holt zwei biblische Erzählfiguren und geht gemeinsam mit allen Kindern zur ersten Station am Kreuz.)

Oma: Schaut mal. Hier habe ich ein Kreuz hingestellt.

Mia: Warum denn das? Was willst du denn damit?

Oma: Hier ist ihr bester Freund Jesus gestorben. Kleopas und Simeon stehen davor (stellt die Erzählfiguren in trauriger Haltung hin). Sie schauen auf den Boden. Sie sind traurig. Sie wissen, Jesus wird nie wieder da sein. Sie sind ganz allein.

Mia: Der beste Freund ist nie wieder da? Das ist ja schlimm.

Oma: Ja, das ist es. Sie weinen. So wie ihr auch. Wenn wir traurig sind, dann dürfen wir weinen! Kommt, legt ein paar Tränen hin!

Aktion 1: Tränen legen
Die Kinder legen Tränen um das Kreuz herum.
Material: blaue Glassteine

Oma: Die beiden waren so traurig. Sie wussten nicht mehr, was sie machen sollten.
Mia: Wie wir! Das wissen wir gerade auch nicht! Denen geht es genauso wie uns!
Oma: Sie gingen nach Hause. Sie wohnten in Emmaus. Da mussten sie vier Stunden lang laufen.
Henri: Das ist aber lang.
Oma: Ja. Was glaubt ihr? Wie sind sie gegangen? Wie laufen Menschen, die traurig sind?
(Die Kinder dürfen antworten.)
Oma: Dann laufen wir auch mal so den Weg entlang.

Aktion 2: Traurig gehen
Oma, Henri, Mia und die Kinder gehen gebückt und langsam den gelegten Weg entlang. Im Hintergrund kann das Lied „Vom Anfang bis zum Ende“ melancholisch gespielt werden.

Szene 3: Jesus kommt dazu und sie schütten ihm ihr Herz aus

(Zweite Station: Eine Wiese aus Moos auf einem grünen Tuch. Kleopas und Simeon werden zusammen mit Jesus dazugestellt. Jesus legt um beide seinen Arm. Auf der Wiese liegt eine Taschentuchbox, auf die ein großes Herz aufgeklebt ist, mit einem Schlitz in der Mitte, aus dem man die Tücher ziehen kann. Alle setzen sich um die Station herum.)

Mia: Oma, warum sind denn das plötzlich drei?
Henri: (überlegt) Das war doch Kle...? Wie noch mal?
Oma: Kleopas.
Henri: Und das war Simeon. Aber wer ist das?
Oma: Das war jemand ganz Besonderes!
Mia: Wer denn Oma?
Oma: Das war ihr bester Freund!
Henri: Wie? Das war Jesus? Aber das geht doch nicht!
Oma: Eigentlich nicht! Aber Jesus ist stärker als der Tod! Doch das wussten Kleopas und Simeon nicht. Sie dachten, das wäre irgendjemand anderes.
Mia: Und dann?
Oma: Sie sind zu dritt gelaufen. Jesus fragte sie: „Warum seid ihr so traurig?“ Da erzählten die beiden. Sie schütteten Jesus das Herz aus! (Nimmt die Taschentücherbox und klappt das Herz auf.) Sie sagten: „Jesus ist gestorben (Tuch rausziehen). Er war unser bester Freund (Tuch rausziehen). Wir sind ganz allein (Tuch rausziehen). Wir wissen nicht mehr, was wir tun sollen (Tuch rausziehen).“ Sie sagten Jesus alles!
Henri: Das tat bestimmt gut!
Oma: Henri, Mia, macht das doch auch mal!
(Henri und Mia schütten Jesus ihr Herz aus und sagen dabei, was sie so traurig macht: Hoppel ist gestorben, sie können nie mehr mit ihm spielen. Am Ende ist die Box leer.)

Oma: Und wisst ihr was? Jesus hat sie getröstet! Bestimmt hat er sie in den Arm genommen und ganz fest gedrückt.
Mia: Nimmst du mich auch mal in den Arm Oma?
Oma: Gern! Geht alle zu euren Eltern uns lasst euch mal so richtig in den Arm nehmen! Das tut so gut!

Aktion 3: Umarmen

Die Kinder lassen sich von ihrer Begleitperson in den Arm nehmen. Dann spielt die Musik „Vom Anfang bis zum Ende".

Wir singen gemeinsam: Vom Anfang bis zum Ende

Mia: Mir geht es schon besser. Es tut gut, Jesus das Herz auszuschütten!
Henri: Du hast recht. Aber fröhlich bin ich immer noch nicht.
Oma: Die Geschichte geht ja noch weiter! Kommt mit!
(Sie gehen gemeinsam den Weg zur dritten Station, währenddessen spielt leise Musik.)

Szene 4: Ankunft in Emmaus

(Dritte Station: Auf dem Boden liegen zusammengeklappte Tische, die schön gedeckt sind mit Herzen und Broten. In die Mitte der Tische werden die Figuren gesetzt.)

Oma: Lange wanderten sie. Abends waren sie in Emmaus. Kleopas und Simeon sagten: „Komm mit uns nach Hause. Wir wollen zusammen essen!" Und Jesus ging mit ihnen in das Haus.
Henri: Dürfen wir da jetzt auch hin?
Oma: Ja, setzt euch um den Tisch.
(Alle setzen sich um die Tische herum. Wenn es ruhig geworden ist, geht die Geschichte weiter.)
Oma: Dann nahm Jesus das Brot und sagte: „Danke lieber Vater, dass du für uns da bist! Amen." Er zerbrach es und gab es Kleopas und Simeon. Kommt, das machen wir jetzt auch!

Aktion 4: Miteinander Brot teilen

Die Kinder geben sich gegenseitig ein Stück Fladenbrot. In dieser Zeit wird heimlich die dritte Erzählfigur entfernt.
Material: Fladenbrote

Szene 5: Die Jünger merken, dass Jesus lebt

Mia: Oma! Du hast vergessen, Jesus hinzusetzen!
Oma: Nein, Jesus war auf einmal nicht mehr zu sehen.
Henri: War er denn verschwunden?
Oma: Kleopas und Simeon konnten ihn nicht mehr sehen und merkten: „Das war Jesus! Er hat uns getröstet! Er lebt! Er ist da, auch wenn wir ihn nicht sehen! Er ist stärker als der Tod und stärker als alles, was uns traurig macht!"

Mia: Echt?

Oma: Ja! Das ist eine Trostgeschichte: Jesus ist da! Er tröstet uns heute genauso! Er ist auch jetzt noch hier! Er lebt!

Henri: Er ist hier?

Oma: Ja!

Mia: Jesus ist stärker als das, was mich traurig macht?

Oma: Ja! Wisst ihr, was die beiden dann gemacht haben?

Mia: Die haben sich bestimmt gefreut!

Oma: Ganz genau! Sie sind aufgesprungen und den ganzen Weg zurückgelaufen! Die wollten den anderen Freunden erzählen, dass Jesus sie getröstet hat und dass er lebt!

Henri: Den ganzen Weg?

Oma: Ich glaube, jetzt waren sie viel schneller! Wenn man fröhlich ist, läuft man schneller! Da bin ich mir sicher!

Henri: Ich werde gerade ganz fröhlich!

Mia: Ich auch! Das möchte ich nie mehr vergessen – dass Jesus mich tröstet und immer bei mir ist!

Oma: Schaut mal! Ich habe hier ein kleines Trostsäckchen! Da habe ich meinen Namen draufgeschrieben und es noch ein bisschen hübsch gemacht! Und wisst ihr was da drin ist? Ein Schokoherz (oder Herzluftballon), weil Jesus bei mir ist, ein Taschentuchpäckchen, weil Jesus mir zuhört und mich tröstet, und eine Träne, weil ich bei Jesus weinen darf. Mit dem Säckchen vergisst du das nicht so schnell!

Henri: Das ist ja toll!

Mia: Ich möchte auch so eines!

Oma: Das könnt ihr haben! Ihr könnt es hier am Tisch beschriften und bemalen! Dann geht den Weg zurück und nehmt euch an jeder Station ein Erinnerungsstück mit für euer Säckchen! Und dann wollt ihr bestimmt einen Muffin essen!

Aktion 5: Trostsäckchen basteln

Die Kinder bekommen ein kleines Stoffsäckchen und Stoffmalstifte. Sie dürfen darauf mit Hilfe der Eltern ihren Namen schreiben und es anmalen. Während die Kinder malen, werden die Schokoherzen (oder Herzluftballons) und die Taschentuchpäckchen an die jeweilige Station gelegt. Die Schokoherzen (oder Herzluftballons) liegen auf den Tischen und die Taschentücher kommen zum Taschentuchboxherz. Danach gehen sie gemeinsam mit ihren Eltern den gelegten Weg zurück und nehmen sich die Erinnerungsstücke (Schokoherz/Herzluftballon, Taschentücher, Träne). Zum Abschluss bekommt jeder/jede einen Muffin. Wenn die Musik spielt, kommen alle wieder zusammen.

Material: kleine Stoffsäckchen, Stoffmalstifte, Schokoherzen/Herzluftballons, kleine Taschentücher-Päckchen, Muffins

Wir singen gemeinsam

Jetzt können wir alle richtig fröhlich sein! Jesus lebt! Er ist hier bei uns! Er ist für uns da! Kommt, lasst uns noch ein paar Lieder zusammen singen!

- Vom Anfang bis zum Ende
- Hallelu Hallelu, Hallelu, Halleluja, preiset den Herrn
- Gottes große Liebe

Wir beten gemeinsam

Lieber Gott, du bist jeden Tag bei mir! Dafür danke ich dir! Wenn ich traurig bin, dann hörst du mir zu. Du nimmst mich in den Arm und tröstest mich. Du bist nicht tot, du lebst für immer! Danke, dass du mich nie verlässt!
Amen

Wir singen das Segenslied

Der Vater im Himmel segne dich

Wir empfangen Gottes Segen

Jesus, der stärker ist, als alles was uns traurig macht, segne dich.
Jesus, der dich trösten kann, wenn du traurig bist, der gehe mit dir.
Jesus, der dich nie verlässt, er segne dich, heute, morgen und für alle Zeiten.
Amen

Wir hören auf die Musik und gehen nach Hause

Jedes Kind darf sein Trostsäckchen als Erinnerung mit nach Hause nehmen.

UNTER GOTTES SCHIRM

Bibelstelle: Psalm 91,1
Zielgedanke: Gott hat den größten und besten Beschützerschirm auf der Welt, den er allezeit über uns hält.
Kurzbeschreibung Anspiel: Die Kinder Emil und Heidi spielen gemeinsam. Sie erfahren mithilfe der Mutter, dass ein Schirm vor ganz unterschiedlichen Sachen schützt. Am Ende lernen sie Gottes Beschützerschirm kennen.
Kurzbeschreibung Aktionen: Es werden mit den Kindern verschiedene Aktionen mit Schirmen durchgeführt:

- Die Kinder gehen durch eine Regenstraße mit und ohne Schirm.
- Die Kinder werfen mit dem Schirm Schatten an die Wand.
- Gemeinsam wird ein großer Bänderschirm aufgebaut.

Mindestanzahl Mitarbeitende (8):

- 3 Personen für das Anspiel
- 3 Helfer/Helferinnen für Aktionen
- 1 Musiker/Musikerin
- 1 Person für die Gottesdienstleitung

Materialaufwand:
Vorbereitungsaufwand:

Materialliste

- Spielteppich und eine Kiste mit Bausteinen
- Kleiderständer mit Regenjacken
- Fingerspiel zum Thema „Regen“ (z. B. hier: www.kita-turnen.de/wenn-es-regnet-fingerspiel-zum-wetter, letzter Zugriff am 16.11.2016.)
- Gummistiefel für Emil und Heidi
- 2 Regenschirme für Emil und Heidi
- Tische
- Malervlies
- ablösbares Klebeband / Malerkrepp
- 6-8 Blumensprüher
- Fußball
- Sonnenmützen und T-Shirts für Emil und Heidi
- Sonnenschirm mit Ständer
- Picknickdecke, Trinkbecher und Tablett
- Baustrahler mit Ständer / ersatzweise Tageslichtprojektor
- weiße Leinwand/Laken
- Strohkranz (Adventskranzrohling)
- bunte, lange Kreppbänder
- Befestigungsmaterial für den Kranz (Schnüre und Haken)
- Leiter
- Namensaufkleber: „Gottes Schirm beschützt: ______“ (Platz für Name des Kindes)
- wasserfeste Stifte

Erlebnisgottesdienst-Vorbereitung

- Aufdruck für Einladungen und Plakate: „Jedes Kind soll einen Regenschirm mitbringen."
- Aufkleber für die Schirme herstellen.
- Bühne herrichten mit Spielteppich und Bausteinen.
- Regenstraße aufbauen (wie im Anspiel beschrieben).
- Baustrahler / Tageslichtprojektor aufbauen.
- Bänderkranz vorbereiten und aufhängen.

Quellen der Lieder

Einfach Spitze (Daniel Kallauch)

- Du bist Herr Kids 1, Nummer 33
- Einfach Spitze, Nummer 1
- Feiert Jesus! Kids – Liederbuch, Nummer 1
- Kinder feiern Jesus, Nummer 3
- Kommt und singt – Liederbuch für die Jugend, Nummer 193

Seht mal meinen Regenschirm (Margret Birkenfeld)

- Du bist Herr Kids 1, Nummer 167

Vielen Dank für die Sonne (Mike Müllerbauer)

- Einfach Spitze, Nummer 17
- Feiert Jesus! Kids – Liederbuch, Nummer 13

Der Vater im Himmel segne dich (Segenslied) (Mike Müllerbauer)

- Einfach Spitze, Nummer 150
- Feiert Jesus! Kids – Liederbuch, Nummer 173

Vorlagen, Fotos von Beispielen

Fotos von der Regenstraße und dem Bänderschirm liegen als Download vor.

Kurzauslegung des Bibeltextes

Psalm 91,1

Quelle dieser Informationen:
Schneider, Dieter: Das Buch der Psalmen, 2. Teil. In: Maier, Gerhard / Kohl, Alfred (Hg.): Wuppertaler Studienbibel, SCM R.Brockhaus, Wuppertal 1995, S. 222-225.
Zenger, Erich: Psalm 91. In: Hossfeld, Frank-Lothar / Zenger, Erich: Herders theologischer Kommentar zum Alten Testament, Psalmen 51-100, Herder Verlag, Freiburg i. Br. 2000, S. 615-626.

Personen

Der Beter des Psalms vertraut auf Gott. Er hat ihn bereits als Zuflucht und Burg erfahren, deshalb wendet er sich in seiner Not wieder vertrauensvoll an ihn, dessen Name „Jahwe" („Ich bin der, ich bin da für euch") ist (Verse 1-2).

Ort und Zeit

Der Psalmbeter erhält nach seinem Vertrauensbekenntnis in den Versen 3-13 durch einen anderen Sprecher die Bestätigung zugesagt, dass Gott aus verschiedensten Gefahren rettet. Die letzten Verse (14-16) steigern diese Zusage in Form einer Gottesrede (Ich-Rede). Gott sorgt für die Lebensfülle und das Heil dieses konkreten Beters. Die Struktur (Bekenntnis – Zusage – Gottesrede) lässt an eine Verortung des Psalms im Jerusalemer Tempel denken, entweder als liturgisch-ritualisiertes Gebet der Tempelbesucher oder als persönliches Gebet eines im Tempel Schutzsuchenden.

Ereignis

Was den Beter selbst ängstigt, wird in der strukturierten Form dieses Psalms nicht genannt. Deshalb kann sich jeder Beter diese Psalmworte in seinen konkreten Nöten zu eigen machen und sich ebenso vertrauensvoll an Gott wenden.
Die Verse 3-13 benennen in Bildworten beispielhaft Gefahren und Bedrohungen. Ihnen gegenüber erweist sich Gott als Schutz und Retter wie eine bergende Vogelmutter oder wie ein abwehrender Schutzschild. Boten Gottes werden den Beter auf Händen tragen, weder Steine, die im Weg liegen, noch gefährliche Tiere können ihm etwas anhaben. Weil der Beter auf Gott vertraut, sich an ihn hängt, sagt Gott ihm selbst Begleitung, Rettung und Heil zu.

Kernaussagen

- Wenn wir uns vertrauensvoll an Gott wenden, stehen wir unter seinem sicheren Schutz.
- Wenn wir unter Gottes Schutz leben, brauchen wir keine Angst zu haben vor Gefahren und Nöten, die uns begegnen. Wir sind in seiner sicheren Hand. Niemand kann uns mehr beschützen als Gott selbst.

Mit den Augen der Kinder sehen

Elementare Strukturen

Gott lässt Menschen seinen Schutz erfahren. Es lohnt sich, ihm zu vertrauen.

Elementare Erfahrungen

Kinder fühlen sich beschützt, wenn jemand an ihrer Seite steht und sie nicht allein sind. Kinder kommen im Alltag oft mit anderen Arten von Schutz in Berührung: der Schutz vor Regen durch den Schirm, der Schutz vor Sonne durch den Schatten, der Schutz vor Erkältungen durch eine warme Mütze. An einen solchen Schutz kann gut angeknüpft werden, um Gottes Schutz zu veranschaulichen.

Elementare Zugänge

Das Verständnis von Symbolen ist in diesem Alter bei den Kindern noch nicht ausgebildet. Sie können die Übertragung in die Abstraktion (Schirm = Schutz Gottes) noch nicht selbstständig machen. Darum ist es nötig, die Symbolsprache zu verbildlichen und in diesem Bild zu bleiben. Deshalb sollen die Kinder in diesem Erlebnisgottesdienst direkt erleben, wie ein Schirm sie beschützt, um dann zu hören, dass Gott seinen größten Schirm immer über sie hält. Daraus sollen sie Vertrauen in Gottes Schutz schöpfen können. Dass dieser Schutz uns nicht immer vor jedem Schaden bewahrt, wird bewusst nicht thematisiert.

Elementare Wahrheit

Gott hat den größten und besten Beschützerschirm auf der Welt, den er allezeit über uns hält.

Erlebnisgottesdienst-Ablauf

Wir hören auf die Musik

Wir werden begrüßt

Liebe Kinder, liebe Erwachsene, seht mal, was für einen schönen Schirm ich heute dabei habe! Den mag ich besonders gern! Ich bin gespannt, was wir heute damit machen werden! Aber erst einmal möchte ich euch begrüßen: Schön, dass ihr da seid! Und wir wollen Gott begrüßen: Er ist da!

Wir feiern unseren Gottesdienst im Namen Gottes (nach oben zeigen), der uns liebt (ein Herz aus den Händen formen), der uns beschützt (Arme als Schirm über den Kopf halten) und der uns von allen Seiten umgibt (einmal im Kreis drehen).

Amen (Hände falten)

Wir singen gemeinsam

Einfach spitze

Wir beten gemeinsam

(Den Kehrvers gemeinsam mit den Kindern üben.)

Mitarbeiter/Mitarbeiterin: Lieber Gott, du beschützt mich und ich kann sicher sein, dass du immer bei mir bist. Darum kann ich sagen:

Alle: Gott, du hältst deinen schützenden Schirm über mich (Hände als Schirm über den Kopf halten).

Mitarbeiter/Mitarbeiterin: Wenn ich Angst habe, dann weiß ich, du bist bei mir. Du passt auf mich auf. Darum kann ich sagen:

Alle: Gott, du hältst deinen schützenden Schirm über mich (Hände als Schirm über den Kopf halten).

Mitarbeiter/Mitarbeiterin: Manchmal bin ich traurig. Dann spüre ich, dass du ganz nah bei mir bist und mich tröstest. Darum kann ich sagen:

Alle: Gott, du hältst deinen schützenden Schirm über mich (Hände als Schirm über den Kopf halten).

Mitarbeiter/Mitarbeiterin: Wenn ich Schutz brauche, dann weiß ich, dass du meine Schutzhöhle bist. Darum kann ich sagen:

Alle: Gott, du hältst deinen schützenden Schirm über mich (Hände als Schirm über den Kopf halten).

Mitarbeiter/Mitarbeiterin: Was auch immer passiert, ich weiß, dass du es gut mit mir meinst! Darum kann ich sagen:

Alle: Gott, du hältst deinen schützenden Schirm über mich (Hände als Schirm über den Kopf halten).

Amen (Hände falten)

Wir lernen Emil und Heidi und ihre schützenden Schirme kennen

Szene 1: Der Schirm als Schutz vor Regen

(Auf dem Boden liegt ein Teppich, auf dem eine Kiste mit Bauklötzen steht. Emil und Heidi sind Kindergartenkinder. Heidi hat sich mit Emil zum Spielen verabredet. Sie sitzen gemeinsam auf dem Boden und bauen. Dann wird ihnen langweilig und sie wissen nicht mehr, was sie tun sollen.)

Emil: Heidi, ich mag nicht mehr. Ich will jetzt raus. Auf den Spielplatz!
Heidi: Ich auch! Komm wir fragen Mama, ob wir auf den Spielplatz dürfen! (ruft lauft) Mama! Mama!
(Mama kommt.)
Mama: Was ist denn los?
Heidi: Mama, wir wollen auf den Spielplatz.
Mama: Na, dann wollen wir mal rausschauen, was das Wetter macht!
(Sie gehen gemeinsam zum Fenster und schauen hinaus.)
Emil: Wie blöd. Es regnet! Regenwetter ist doof!
Heidi: Ach schade. Ich will aber nicht immer drinnen sitzen! Ich will raus. Drinnen ist mir viel zu langweilig!
Mama: Ach quatsch, Regen ist doch nicht doof. Mir fällt da ein Regenvers ein, der macht uns bestimmt gute Laune! Kommt, setzt euch mal alle zu mir und macht mit!
(Mama macht mit den Kindern ein Fingerspiel zum Thema Regen, z. B. Wasser ist Leben. In: Swana Seggewiß, Ulrike Menke, Fingerspiele für den Kindergottesdienst. 30 Verse mit Anleitung, Don Bosco, München und Verlag Junge Gemeinde, Leinfelden-Echterdingen 2016. Alle Kinder machen mit.)
Emil: Das hat Spaß gemacht!
Heidi: Schon, aber raus kann ich immer noch nicht!
Mama: Doch! Du brauchst nur einen Regenschirm! Den halt ich über meinen Kopf! Da fällt der Regen auf den Schirm und nicht auf mich! Der Schirm schützt mich vor dem Regen!
Emil: Meine Mama hat mir extra einen mitgegeben!
Mama: Das ist ja super! Ich kenne ein tolles Lied, das zu unserem Wetter passt!
Heidi: Welches denn?
Mama: Das geht so ...

Wir singen gemeinsam: Seht mal meinen Regenschirm, Strophe 1

Mama: Jetzt aber raus mit euch! Emil, Heidi, zieht euch Jacken und Gummistiefel an und holt eure Schirme!
(Emil und Heidi folgen den Anweisungen der Mutter.)

Mama: Geht doch erst mal ohne Schirm raus und spürt, wie der Regen sich anfühlt! Und dann haltet euren Schirm über euren Kopf und merkt, wie der Schirm euch vor dem Regen schützt! Und er läuft auch immer mit euch mit! Alle Kinder dürfen das jetzt so machen! Wenn wir anfangen, unser Schirmlied zu spielen, dann kommt ihr alle wieder rein und setzt euch hin, in Ordnung?
Emil: Au ja! Kommt, erst eine Runde ohne Schirm!
(Emil, Heidi und die Kinder laufen ohne Schirm durch die Regenstraße.)
Heidi: Und jetzt mit Schirm!
(Emil, Heidi und die Kinder laufen mit Schirm durch die Regenstraße.)

Aktion 1: Durch die Regenstraße laufen

Es wird eine Straße aus Tischen gebaut: Hierfür werden vier Tische auf jeder Seite als Begrenzung aufgestellt. Zwischen den Tischen soll die Straße sein, auf der die Kinder entlanglaufen. Diese Straße wird mit Malervlies komplett ausgelegt, so wird der Fußboden selbst nicht nass. Das Malervlies wird mithilfe von ablösbarem Klebeband / Kreppband sicher am Boden befestigt. Auf die Tische stellen sich links und rechts einige Mitarbeitende mit Blumensprüher. Mit diesen wird auf die Kinder gesprüht, während sie die Straße entlanglaufen. So entsteht ein feiner Nieselregen.
Wenn alle Kinder sowohl ohne als auch mit Schirm durchgelaufen sind, wird das Schirmlied gespielt, bis sich alle gesetzt haben.
Material: Tische, Malervlies, ablösbares Klebeband / Kreppband, 6-8 Blumensprüher

Emil: Das hat Spaß gemacht!
Heidi: Toll, dass der Schirm uns so beschützt! Da sind wir gar nicht nass geworden!
Emil: So ein Beschützerschirm!
Mama: So Emil, jetzt musst du aber nach Hause!
Heidi: Was, schon? Wir wollen doch aber noch ein bisschen spielen!
Emil: Ich möchte noch nicht nach Hause!
Mama: Na, Emil kann ja morgen wiederkommen. Wir müssen jetzt Abendessen und dann geht's ins Bett.
Emil/Heidi: Na gut.
(Emil geht nach Hause.)

Wir singen gemeinsam: Seht mal meinen Regenschirm, Strophe 1

Szene 2: Der Schirm als Schutz vor Sonne

(Emil und Heidi treffen sich wieder nach dem Kindergarten bei Heidi zu Hause. Jetzt ist schönes Wetter und sie spielen zusammen draußen im Garten.)

Emil: Hallo Heidi!
Heidi: Hallo Emil! Endlich bist du da! Heute ist es so warm! Ich habe sogar schon ein T-Shirt an!
Emil: Ich auch!
Heidi: Komm! Heute spielen wir gleich draußen im Garten!

Emil: Wollen wir Fußball spielen?

Heidi: Au ja! (ruft sehr laut) Mama! Wir gehen in den Garten!

Mama: Ja, ist gut! Zieht euch aber die Sonnenmützen auf und cremt euch mit Sonnencreme ein!

(Emil und Heidi spielen eine Weile Fußball. Nach kurzer Zeit scheint die Sonne so stark (eventuell einen Baustrahler auf die beiden richten), dass sie anfangen zu schwitzen.)

Emil: Ich kann nicht mehr.

Heidi: Ich habe solchen Durst!

Emil: Ich auch!

Heidi: Und mir ist so heiß! Die Sonne scheint so sehr!

(Mama kommt mit Getränken zu ihnen.)

Mama: Kinder! Ihr seid ja ganz rot im Gesicht und verschwitzt! Schaut mal, ich habe einen Sonnenschirm! Kommt, setzt euch unter ihn in den Schatten, da ist es kühler! Und trinkt was!

Heidi: Au ja!

(Sie setzen sich alle unter den Schirm auf eine Picknickdecke und trinken etwas.)

Emil: Ähh, das ist ja lustig: Gestern hat uns der Schirm vor Regen beschützt. Heute schützt uns der Schirm vor der Sonne!

Heidi: Das sind ja zwei Beschützerschirme!

Mama: Ja genau! Ein Schirm schützt uns auch vor der Sonne! Er gibt uns Schatten! Da fällt mir wieder ein tolles, passendes Lied ein.

Wir singen gemeinsam: Vielen Dank für die Sonne

Heidi: Ich will sehen, wie mein Schirm Schatten gibt!

Emil: Ich auch!

Mama: Na dann nehmt euren Schirm! Ich habe eine gute Idee!

(Emil und Heidi holen ihre Regenschirme. Mama macht Licht an, sodass es auf eine große weiße Wand/Leinwand strahlt.)

Mama: Jetzt könnt ihr euch und den Schatten eures Schirmes sehen!

Emil: Wie?

Heidi: Hier bin ich! Ich sehe mich! Da oben musst du schauen!

Emil: Ich mich jetzt auch!

Heidi: Mein Schirm gibt Schatten!

Emil: Meiner auch!

Heidi: Kommt ihr anderen doch auch mal her! Wir setzen uns beim Lied auch wieder hin Mama, ja?

Aktion 2: Schattenspiel

Ein Baustrahler / Tageslichtprojektor wird aufgestellt und der Raum leicht abgedunkelt. Der Strahler scheint auf eine weiße, leere Wand / Leinwand. Die Kinder laufen zwischen dem Strahler und der Wand entlang und können ihre Schatten an der Wand sehen. Wenn die Musik anfängt zu spielen, setzen sich alle wieder hin.

Material: Baustrahler, eventuell Leinwand/Laken

Szene 3: Der größte Schirm

(Emil, Heidi und Mama sitzen unter dem Sonnenschirm und trinken noch etwas.)

Emil: Toll, ich hätte nicht gedacht, dass ein Schirm mich vor so vielen Sachen beschützen kann!

Heidi: Genau! Er schützt mich vor Regen und vor der Sonne.

Emil: Gibt es noch etwas, vor dem der Schirm mich beschützt?

Heidi: (träumerisch) Das wäre toll. Ein Schirm, der mich beschützt, wenn ich im Dunkeln in den Keller gehe! Dann hätte ich da keine Angst mehr!

Emil: Genau! Oder ein Schirm, der mich beschützt, wenn ich Angst habe, dass ein Einbrecher kommt!

Heidi: Oder ein Schirm, der mich vor den gemeinen Kindern beschützt, die mich auf dem Spielplatz immer ärgern!

Emil: Das wäre toll!

Heidi: Mama hast du so einen Schirm?

Mama: Mmh, vielleicht. Soll ich euch mal ein Geheimnis verraten?

Emil/Heidi: Au ja!

Mama: Ich kenne jemanden, der hat den allergrößten Schirm, den es auf der ganzen Welt gibt!

Emil: Was? Wer?

Mama: Das ist Gott! Er hat einen riesengroßen Schirm! Und er hält ihn immer und überall über uns!

Heidi: Und der beschützt mich?

Mama: Genau! Wir können ihn nicht sehen. Aber Gott beschützt uns so wie ein ganz großer Schirm, der immer über uns ist! Und sein Schirm schützt uns nicht nur vor Regen und Sonne! Er beschützt uns auch, wenn wir Angst haben!

Heidi: Dann beschützt uns also Gott mit seinem Schirm die ganze Zeit?

Mama: Ja genau! Wenn ich Angst habe, dann weiß ich, dass Gott seinen Schirm über mich hält und mir hilft! Ich habe da noch eine Strophe von dem Lied, das wir vorhin gesungen haben, für euch.

Wir singen gemeinsam: Seht mal meinen Regenschirm, Strophe 3

Mama: Damit ihr euch das noch besser vorstellen könnt, darf sich jeder von euch ein Band nehmen. Eure Eltern helfen euch dabei! Wir wollen jetzt einen ganz großen Schirm machen! Ganz vorsichtig gehen wir jetzt auseinander, sodass das Band gespannt ist. Seht ihr den großen Schirm?

Aktion 3: Unter Gottes großem Schirm

An einen Strohkranz (Adventskranzrohling) werden viele bunte, lange Krepppapierbänder gehängt. Die Bänder müssen so lang sein, dass sie von der Decke bis weit auf den Boden reichen. Der Kranz wird mithilfe von tragfähigen Schnüren und einem Haken an der Decke befestigt. Vor der Aktion hängt der Kranz bereits, aber die Bänder sind mit einer Schnur nach oben bzw. zur Seite gebunden. Nun werden die Bänder hinabgelassen

(hierfür am besten eine Leiter bereitstellen). Jedes Kind/Elternteil nimmt sich ein Band, und gemeinsam gehen alle langsam einige Schritte zurück, sodass ein großer Schirm entsteht. Die Kinder dürfen den Schirm von außen anschauen.
Material: Adventskranzrohling, bunte, lange Kreppbänder, Befestigungsmaterial (Schnüre und Haken), Leiter

Wir singen gemeinsam: Seht mal meinen Regenschirm, Strophe 3

Emil: Darf ich da auch mal drunter?
Mama: Jetzt geben die Kinder die Bänder an ihre Eltern ab. Und dann geht ihr alle ganz vorsichtig unter unseren Schirm.
(Alle Kinder gehen unter den Schirm.)
Emil: Wow! Da fühle ich mich aber wohl! Das ist ja schön hier!
Heidi: Du hast recht! Da will ich gar nicht mehr raus!
Mama: Und genauso und noch viel besser schützt uns Gottes Schirm!

Wir singen gemeinsam unter dem Schirm: Seht mal meinen Regenschirm, Strophe 3 (2-mal)

Wir reichen uns die Hände und beten

(Unter dem Schirm geben wir einander die Hände und machen einen großen Kreis.)
Es ist toll, lieber Gott, was mein Schirm alles kann! Er beschützt mich vor Regen und vor Sonne! Es ist genial, dass du so einen riesigen, großen Schirm hast, der immer über mir ist! Danke, dass du mich immer beschützt!
Amen

Wir singen das Segenslied

Der Vater im Himmel segne dich

Wir empfangen Gottes Segen

Gottes Schirm beschütze dich, wenn du wach wirst und der Tag anfängt!
Gottes Schirm beschütze dich, wenn du spielst und an ganz andere Sachen denkst!
Gottes Schirm beschütze dich, wenn du müde bist!
Gottes Schirm, der sagt dir, dass Gott immer bei dir ist!
Amen

Wir hören auf die Musik und gehen nach Hause

Während die Musik spielt (instrumental) bekommt jedes Kind am Ausgang einen Namensaufkleber für seinen Schirm. Darauf steht: „Gottes Schirm beschützt _____". In die Leerstelle wird der Name des Kindes eingetragen Es stehen wasserfeste Stifte bereit, sodass die Aufkleber gleich beschriftet werden können.

Bartimäus vertraut Jesus

Bibelstelle: Markus 10,46-52
Zielgedanke: Jesus möchte unser Freund sein und sich um uns kümmern.
Kurzbeschreibung Anspiel: Bartimäus unterbricht den Gottesdienst. Er kommt freudig hereingestürmt und nimmt die Kinder mit in sein erlebtes Wunder.
Kurzbeschreibung Aktionen: Die Kinder erleben, wie es sich anfühlt, blind zu sein:

- Blindenstationen: Die Kinder fühlen, suchen, hören, lassen sich führen
- Gemeinsam mit Bartimäus und der Menschenmenge rufen
- Ein Freundschaftsband basteln

Mindestanzahl Mitarbeitende (6):

- 1 Person für das Anspiel
- 3 zusätzliche Helfer/Helferinnen für Aktionen und die Bastelarbeit
- 1 Musiker/Musikerin
- 1 Person für die Gottesdienstleitung

Materialaufwand:
Vorbereitungsaufwand:

Materialliste

- Schlafbrille
- Verkleidung für Bartimäus (Gewand, Mantel)
- Mütze und Münzen
- verschließbare Dosen und Schüsseln: jedes Schüssel-Dosen-Paar wird jeweils mit verschiedenen Materialien befüllt (z. B. Reis, Sand, Murmeln)
- kleine blickdichte Decken (je eine pro Alltagsgegenstand und eine für die Sandwanne)
- Dinge aus dem Alltag der Kinder zum Fühlen (z. B. Apfel, Banane, Stift, Ball)
- Wanne gefüllt mit Sand
- Schokotaler zum Verstecken
- Hindernisse für den Parcours: Kisten, Stühle, Krabbeltunnel; eventuell Augenbinden
- Kreppband zum Abkleben des Wegrandes
- Perlen, Schnüre, Scheren

Erlebnisgottesdienst-Vorbereitung

- Fühlstationen aufbauen.
- Tische zum Basteln der Freundschaftsbänder herrichten.
- Kreppband auf der Bühne bereitlegen.

Quellen der Lieder

Einfach Spitze (Daniel Kallauch)

- Du bist Herr Kids 1, Nummer 33
- Einfach Spitze, Nummer 1
- Feiert Jesus! Kids – Liederbuch, Nummer 1
- Kinder feiern Jesus, Nummer 3
- Kommt und singt – Liederbuch für die Jugend, Nummer 193

Absoluto guto (Mike Müllerbauer)

- Einfach Spitze, Nummer 137
- Feiert Jesus! Kids – Liederbuch, Nummer 110

Schwappdidu (Mike Müllerbauer)

- Einfach Spitze, Nummer 13
- Feiert Jesus! Kids – Liederbuch, Nummer 105

Der Vater im Himmel segne dich (Segenslied) (Mike Müllerbauer)

- Einfach Spitze, Nummer 150
- Feiert Jesus! Kids – Liederbuch, Nummer 173

Kurzauslegung des Bibeltextes

Markus 10,46-52

Quellen dieser Informationen:
Maier, Gerhard: Markus. In: Ders. (Hg.): Edition C Bibelkommentar. Neues Testament, Bd. 1, SCM R.Brockhaus, Witten 2013, S. 452 ff.
Zeller, Dieter: Messiasgeheimnis, unter: www.bibelwissenschaft.de/wibilex/das-bibellexikon/lexikon/sachwort/anzeigen/details/messiasgeheimnis/ch/450aefac833b0c53520f5b8be13d3b09, letzter Zugriff am 2.1.2017.

Personen

Jesus ist mit seinen Jüngern unterwegs. Er ist umgeben von einer großen Menschenmenge, die sich ihm angeschlossen hat. Bartimäus – dem Namen nach Sohn des Timäus („Bar“ bedeutet „Sohn“) ist blind.

Ort

Jericho ist eine der ältesten Städte und Schauplatz vieler biblischer Geschichten. Jesus befindet sich auf dem Weg nach Jerusalem und musste die Stadt Jericho durchqueren.

Zeit

Unmittelbar nach der Heilung des Bartimäus zieht Jesus auf einem Esel in Jerusalem ein. Dort wird er kurze Zeit später sterben und auferstehen.

Ereignis

Bartimäus sitzt am Rand einer Straße, die von vielen Pilgern benutzt wurde. Dies war ein sehr günstiger Platz, da viele Pilger großzügig Almosen gaben. Als blinder Mann hatte er die Erlaubnis zu betteln, um einen kleinen Teil zum Familienunterhalt beitragen zu können. Als Bartimäus hört, dass Jesus in die Stadt kommt, ruft er nach ihm und nennt ihn „Sohn Davids“. Damit bekennt er Jesus offen als Messias. Die Menschenmenge möchte Bartimäus jedoch zum Schweigen bringen. Warum?
Im Markusevangelium ist immer wieder die Rede davon, dass Jesus verbietet, öffentlich zu bekennen und zu verbreiten, er sei der Messias (Mk 1,24 f.; 1,44; 3,12; 8,30; 9,9). Trotzdem verbreitet sich die Botschaft über sein Wirken. Nicht allen ist es aber gegeben, zu erkennen, wer Jesus ist. Viele bleiben bei dem „Wundertäter Jesus“ stehen, erkennen aber nicht, dass der Messias durch Passion und Auferstehung gehen muss. Sie folgen Jesus auf seinem Weg nicht nach. Auch die Jünger wollen diese Botschaft nicht hören (Mk 8,31 f.; 9,31 f.; 10,32). Wirklich erkennen, wer Jesus ist, lässt sich erst vom Osterglauben her (Mk 9,9 f.). Dazu braucht man offene Augen, die nur Jesus schenken kann, und einen großen Glauben, ein starkes Vertrauen. Bartimäus hat dies. Er lässt sich nicht einschüchtern, sondern schreit noch lauter. Er lässt sich von den Worten der Menge nicht in seinem Vertrauen auf Jesus entmutigen.
Als Jesus ihn ruft, wirft er seinen Mantel weg und läuft auf Jesus zu. Jesus nimmt sich des einzelnen Menschen an und kümmert sich um sein Schicksal. Mit der Anrede „Rabbuni“ (mein Lehrer) macht er nochmals deutlich, dass er an Jesus glaubt.

Jesus heilt Bartimäus aufgrund seines Glaubens, seines Vertrauens. So wird Bartimäus nicht nur von seiner Krankheit geheilt, sondern auch zu einem Vorbild als Jünger Jesu. Ihm wird sowohl körperliche Heilung als auch ewiges Leben geschenkt. Im Markusevangelium ist er der einzige Geheilte, von dem es heißt, dass er Jesus nachfolgte.

Kernaussagen

- Für Jesus ist der einzelne Mensch besonders wichtig! Er nimmt jedes Schicksal wahr.
- Ohne Glauben können wir den wahren Sinn der Wunder Jesu nicht erkennen.
- Durch die Wunder sollen die Menschen hören und spüren, dass Gott sie rettet und liebt.

Mit den Augen der Kinder sehen

Elementare Strukturen

Bartimäus vertraut in seiner Not fest auf Jesus und wird darum wieder gesund.

Elementare Erfahrungen

Kinder kennen vielleicht schon das Gefühl der Ausgrenzung: Manche Erwachsene beschimpfen sie, wenn sie an falscher Stelle zu laut sind oder sich nicht angemessen benehmen. Das kann Kinder entmutigen und ihnen vermitteln, dass sie nichts wert sind.

Elementare Zugänge

Kinder lieben Wundergeschichten und den Zauber, der in ihnen liegt. Sie hinterfragen die Wunder nicht, sie nehmen sie an und freuen sich darüber, was Jesus alles kann. Hier sollen die Kinder ermutigt werden, weiter auf diese Weise Jesus zu vertrauen, denn er tut auch heute noch Wunder.

Elementare Wahrheit

Jesus möchte, dass wir ihm vertrauen, denn er kümmert sich um uns und liebt jeden Einzelnen / jede Einzelne.

Erlebnisgottesdienst-Ablauf

Wir hören auf die Musik

Wir werden begrüßt

(kommt mit Schlafbrille) Huhu! Ist heute denn niemand im Gottesdienst? Ich könnte wetten, ich habe schon jemanden gehört! Ja, da wieder. Irgendwie habe ich das Gefühl, ich habe heute Morgen etwas vergessen ... Mal überlegen: Ich bin aufgestanden, habe mich angezogen, die Zähne geputzt, gefrühstückt im Dunkeln ... Oh weh, jetzt weiß ich! Ich habe vergessen, meine Schlafbrille abzunehmen (zieht sie ab)! Da seid ihr ja! Bin ich froh! Ich freue mich so, dass ihr alle da seid!

Wir wollen heute doch zusammen einen Gottesdienst feiern, im Namen Gottes (nach oben zeigen), der uns liebt (ein Herz aus den Händen formen), der uns beschützt (Arme wie einen Schirm über den Kopf halten) und der uns von allen Seiten umgibt (einmal im Kreis drehen).

Amen (Hände falten)

Wir singen gemeinsam

Einfach Spitze

Wir beten gemeinsam

(Den Kehrvers gemeinsam mit den Kindern üben.)

Alle: Ich sehe die Menschen (schauen), ich höre die Vögel (Hände an die Ohren), ich fühle den Wind (sich Wind zufächeln) und merk', du hast mich lieb (sich umarmen)!

Mitarbeiter/Mitarbeiterin: Ich bin heute aufgewacht und sehe meine Mama, meinen Papa, meine Schwester, meinen Bruder! Ich freue mich, sie zu hören, mit ihnen zu spielen und sie bei mir zu haben. Gott, du schenkst mir so viel:

Alle: Ich sehe die Menschen (schauen), ich höre die Vögel (Hände an die Ohren), ich fühle den Wind (sich Wind zufächeln) und merk', du hast mich lieb (sich umarmen)!

Mitarbeiter/Mitarbeiterin: Auf der Wiese kann ich springen, Grashalme kitzeln meine Füße. Ich rieche die Blumen, ich sehe eine Ameise, ich spüre die warme Sonne. Gott, du schenkst mir so viel:

Alle: Ich sehe die Menschen (schauen), ich höre die Vögel (Hände an die Ohren), ich fühle den Wind (sich Wind zufächeln) und merk', du hast mich lieb (sich umarmen)!

Mitarbeiter/Mitarbeiterin: Ich habe Freunde, mit denen ich lache. Ich kann laufen, ich kann sehen! Ich schmecke leckere Sachen, ich höre schöne Musik! Gott, du schenkst mir so viel:

Alle: Ich sehe die Menschen (schauen), ich höre die Vögel (Hände an die Ohren), ich fühle den Wind (sich Wind zufächeln) und merk', du hast mich lieb (sich umarmen)!
Amen

Wir singen gemeinsam

Absoluto guto

Wir lernen Barti und seine wundervolle Geschichte kennen

Szene 1: Barti platzt fast vor Freude

(Barti kommt fröhlich in den Gottesdienstraum hereingelaufen und unterbricht alle beim Singen.)

Barti: Kinder! Was ihr singt, ist so toll! Genau das habe ich erlebt! Gott meint es absoluto guto mit mir! Ich freu mich so! Ich muss euch unbedingt davon erzählen! Also, passt mal auf ...

Mitarbeiter/Mitarbeiterin: (unterbricht verärgert) Moment mal! Wer bist du eigentlich? Wir singen hier gerade und du kommst da einfach so rein und plapperst rum?

Barti: Oh ... Entschuldigung. Ich bin so fröhlich! Ich möchte euch unbedingt erzählen, was mich so fröhlich macht, da habe ich ganz vergessen, dass ihr mich gar nicht kennt. Ich heiße Bartimäus. Schwieriger Name. Ihr könnt mich einfach Barti nennen.

Mitarbeiter/Mitarbeiterin: Aha. Hallo Barti!

Barti: Hallo du! Hallo Kinder!

Mitarbeiter/Mitarbeiterin: Und woher kommst du gerade angerannt?

Barti: Aus Jericho!

Mitarbeiter/Mitarbeiterin: Wo ist denn das?

Barti: Das ist ganz weit weg. Da habe ich aber etwas super, duper Tolles erlebt, das erzähl ich jetzt der ganzen Welt! Wie heißt euer Ort hier?

Mitarbeiter/Mitarbeiterin: Wisst ihr, wo wir sind?

(Mitarbeiter/Mitarbeiterin fragt die Kinder.)

Barti: (wiederholt den Ortsnamen) Da war ich noch nie. Darf ich euch jetzt aber endlich erzählen, was ich so Geniales mit Jesus erlebt habe?

Mitarbeiter/Mitarbeiterin: Was meint ihr? Sollen wir uns das mal anhören?

(Die Kinder dürfen antworten.)

Barti: Stellt euch vor! Bis vor Kurzem konnte ich gar nichts sehen! Ich war blind, so nennt man das. Das ist furchtbar!

Mitarbeiter/Mitarbeiterin: Du konntest nichts sehen?

Barti: Nein!

Mitarbeiter/Mitarbeiterin: Hast du nicht gesehen, wann es Tag wird?

Barti: Nein, ich habe nur die Sonne gespürt.

Mitarbeiter/Mitarbeiterin: Hast du nicht sehen können, was auf deinem Teller zu essen liegt?

Barti: Nein ...

Mitarbeiter/Mitarbeiterin: Und wenn du mal aufs Klo musstest?

Barti: Dann hat mich da jemand hingebracht!

Mitarbeiter/Mitarbeiterin: Echt?

Barti: Ja! Ich merke schon, das könnt ihr euch nicht vorstellen! Ich habe ein paar Sachen dabei. Dann könnt ihr mal ausprobieren, wie das ist, wenn man nichts sehen kann.

Aktion 1: Blindenspiele

Barti erklärt die Blindenspiele. Die Spiele werden jeweils von einem/einer Mitarbeitenden betreut.

- **Geräusche hören:** In verschiedene Dosen werden Gegenstände gefüllt. Diese werden zusätzlich noch sichtbar in Schüsseln auf den Tisch gestellt. Die Kinder schütteln die Dosen und raten, welcher der sichtbaren Gegenstände darin ist.
  Material: Dosen, Gegenstände (z. B. Reis, Murmeln, Sand), Schüsseln
- **Blind suchen:** In einer Wanne voll Sand werden Schokotaler versteckt. Die Kinder müssen mit den Händen die Taler suchen. Damit sie nicht schauen können, wird noch eine Decke darübergelegt.
  Material: Wanne mit Sand, Schokotaler, Decke
- **Tasten:** Alltagsgegenstände werden unter verschiedenen Decken versteckt. Die Kinder ertasten mit den Händen unter der Decke die Gegenstände und raten, was es ist.
  Material: Alltagsgegenstände (z. B. Ball, Stift, Banane, Apfel), Decken
- **Parcours gehen:** Mit Stühlen, Kisten oder Krabbeltunnel einen Parcours bauen. Die Kinder sollen sich von ihren Eltern nun durch den Parcours führen lassen. Größeren Kindern kann man auch die Augen verbinden.
  Material: Hindernisse (z. B. Kisten, Stühle, Krabbeltunnel), eventuell Augenbinden
- Wenn das Lied „Absoluto guto“ gespielt wird, werden die Spiele beendet und alle setzen sich wieder hin.

Wir singen gemeinsam: Absoluto guto

Szene 2: Barti ruft Jesus

Barti: Na, wie hat es bei euch geklappt? Was habt ihr denn in den Dosen hören können?
Und was habt ihr unter den Decken fühlen können? Hat jemand was mit den Händen im Sand gefunden? Und wie war es im Parcours?

(Die Kinder dürfen jeweils antworten.)

Mitarbeiter/Mitarbeiterin: So war das für dich? Du konntest gar nichts sehen? Gar nichts?

Barti: Ja. Es war dunkel. Macht mal die Augen zu!
(Die Kinder machen die Augen zu.)
So war es den ganzen Tag.

Mitarbeiter/Mitarbeiterin: Das ist ja furchtbar! Wie kommt es, dass du jetzt wieder sehen kannst?

Barti: Das ist ja das Geniale! Das erzähle ich euch! In meiner Stadt gibt es eine Straße, da gehen sehr viele Leute entlang. Ungefähr so war das ... (Barti klebt mit Kreppband eine Linie auf den Boden, die den Wegrand darstellen soll.) Hier (zeigt auf die eine Seite) habe ich mich jeden Tag hingesetzt. So. (Barti setzt sich auf die eine Seite der Linie.) Dann sind Menschen gekommen und haben mir etwas Geld in die Mütze geworfen. Davon konnte ich mir etwas zu essen kaufen. Kommt, das machen wir mal! Ein paar Kinder setzen sich zu mir und ein paar werfen uns eine Münze rein!

Aktion 2: Betteln und Münze reinwerfen

Einige Kinder setzen sich zu Barti. Die anderen bekommen Münzen. Gemeinsam gehen sie an Barti und den anderen Kindern vorbei und werfen ihnen Geld in die Mütze.
Die Kinder bei Barti bleiben sitzen.
Material: Münzen, Mütze

Barti: So war das jeden Tag! Plötzlich haben die Leute gesagt: „Jesus kommt! Der hat schon viele Menschen gesund gemacht." – „Der erzählt tolle Geschichten von Gott. Er nennt ihn sogar ‚Papa', so nah ist er ihm." „So viel Vertrauen sollen wir alle in Gott haben", sagt Jesus. Psst! Leise! Da habe ich auch schon was gehört. Ganz viele Schritte! Stampft mal mit euren Füßen!

Aktion 3: Schritte machen

Gemeinsam mit dem/der Mitarbeitenden stampfen die Kinder auf der Straße, die anderen Kinder bei Barti halten die Hände hörend an die Ohren.

Barti: So hat sich das angehört! Und ich ... ich konnte Jesus nicht sehen! Aber ich wusste: Nur er kann mir helfen! Wenn Gott sein Papa ist, dann kann er das! Deswegen habe ich gerufen: „Jesus, hilf mir!" Kommt, helft mir! Ruft mit mir: „Jesus, hilf mir!"

Aktion 4: Rufen

Die Kinder auf Bartis Seite rufen gemeinsam laut: „Jesus, hilf mir!"

Barti: Wisst ihr, was die Leute gemacht haben? Die haben mich angeschrien: „Sei still! Lass Jesus in Ruhe!" Kommt, das macht ihr jetzt mal (zeigt auf die anderen Kinder).

Aktion 5: Rufen

Gemeinsam mit dem/der Mitarbeitenden rufen die Kinder auf der anderen Seite: „Sei still! Lass Jesus in Ruhe!"

Barti: Ich habe mich gefragt: „Soll ich jetzt lieber leise sein? Will Jesus mich vielleicht nicht sehen?" Nein. Das kann nicht sein! Jesus liebt alle. Auch mich. Dann habe ich noch lauter gerufen: „Jesus, hilf mir!" Kommt, helft mir noch mal!

(Die Kinder rufen ganz laut.)

Aktion 6: Rufen

Gemeinsam mit Barti rufen die Kinder: „Jesus, hilf mir!“

Szene 3: Jesus ruft Barti

Barti: Dann hat Jesus mich gehört! Die Leute haben gesagt: „Jesus ruft dich, geh zu ihm!“ Und ich bin aufgesprungen, hab alles liegen lassen und bin so schnell wie möglich zu Jesus gerannt!

Mitarbeiter/Mitarbeiterin: Du konntest doch gar nicht sehen, wo er ist!

Barti: Stimmt! Die Menschen haben einen Gang gemacht! Macht das auch einmal! Dann können wir durchlaufen! So habe ich den Weg gefunden!

Aktion 7: Einen Gang bilden

Mithilfe des Mitarbeiters / der Mitarbeiterin bilden die Kinder einen Gang. Barti und die Kinder laufen mit geschlossenen Augen durch.

Szene 4: Jesus heilt Barti

Barti: Dann stand ich vor Jesus (steht vor dem/der Mitarbeitenden). Jesus fragte mich: „Was willst du?“ Und ich sagte: „Ich will wieder sehen!“ Und dann ist es passiert!

Mitarbeiter/Mitarbeiterin: Was ist passiert? Jetzt bin ich aber gespannt!

Barti: Jesus hat zu mir gesagt: „Du vertraust mir! Du sollst wieder sehen können!“ Und dann ... Ja, und dann ...

Mitarbeiter/Mitarbeiterin: Und dann?

Barti: Dann auf einmal ... wurde alles wieder hell! Auf einmal habe ich Jesus vor mir gesehen! Und noch mehr! Alle Leute, die mich davor angeschrien hatten! Jesus hat mich sehend gemacht!

Mitarbeiter/Mitarbeiterin: Das ist ja unglaublich!

Barti: Jesus ist seitdem mein allerbester Freund. Ich weiß, dass er mich so sehr liebt! Er kümmert sich um mich und ist immer bei mir!

Mitarbeiter/Mitarbeiterin: Toll!

Barti: Er meint es so gut mit dir! Und dir! Er will dein Freund sein und kümmert sich um dich! Weil er es absoluto guto mit dir und dir und dir meint! Deshalb fand ich euer Lied so toll! Können wir das noch mal singen?

Wir singen gemeinsam: Absoluto guto

Szene 5: Jesus will unser Freund sein

Mitarbeiter/Mitarbeiterin: Barti, kann ich eigentlich auch ein Freund von Jesus sein?

Barti: Klar! Du musst ihm nur sagen, dass du sein Freund sein willst. Und du kannst mit ihm reden und ihm alles erzählen, was dich freut und was dich bedrückt. Er hilft dir!

Mitarbeiter/Mitarbeiterin: Ich glaube, ich bin dann auch sein Freund!

Barti: Weißt du was? Wir machen uns ein Freundschaftsband! Das können wir sehen. Und dann erinnern wir uns daran, wer unser Freund ist: Jesus! Und dass er bei uns ist, auch wenn wir ihn nicht sehen!

Mitarbeiter/Mitarbeiterin: Das ist eine gute Idee! Wie sollen wir das machen?
Barti: Hier sind Perlen und Schnüre! Kommt, macht mit!

Aktion 8: Wir basteln Freundschaftsbänder
Es werden Perlen und Schnüre bereitgelegt. Die Kinder fädeln Perlen auf und machen sich ein Armband daraus. Wenn Musik gespielt wird, setzen sich alle wieder hin.
Material: Perlen, Schnüre, Scheren

Wir freuen uns, dass Gott uns liebt und singen gemeinsam: Absoluto guto und Schwappdidu

Wir beten gemeinsam

Jesus, du bist unser Freund. Du kannst tolle Sachen machen.
Wir bitten dich, dass du die Menschen, die wir gern haben, gesund hältst und gesund machst.
Wir bitten dich für die Menschen, denen es gerade schlecht geht. Bitte, lass sie merken, dass du sie lieb hast und bei ihnen bist. Bitte, mache sie gesund!
Wir bitten dich, dass die schlimmen Kriege auf der Welt aufhören. Dass die Menschen nett zueinander sind und sich nicht wehtun.
Wir bitten dich das, weil du Jesus, unser Freund bist. Du kannst tolle Sachen machen.
Amen

Wir singen das Segenslied

Der Vater im Himmel segne dich

Wir empfangen Gottes Segen

Und so segne euch Gott, der Vater, der Sohn und der Heilige Geist.
Amen

Wir hören auf die Musik und gehen nach Hause

Jedes Kind darf sein Freundschaftsbändchen mit nach Hause nehmen.

Kommt, lasst uns Geschenke machen!
Nikolaus

Grundlegender Text: Die Geschichte von Nikolaus aus Myra

Zielgedanke: Gott beschenkt uns so reich. Wir sollen mit unserem Reichtum andere beschenken.

Kurzbeschreibung Anspiel: Katrin freut sich auf den Nikolaustag und ist sehr aufgeregt. Gemeinsam mit ihrer Mutter trifft sie Vorbereitungen. Katrin möchte wissen, warum der Nikolaus kommt. Ihre Mutter erzählt ihr die Geschichte vom Bischof Nikolaus, wie er drei Mädchen geholfen hat.

Kurzbeschreibung Aktionen: Gemeinsam mit den Kindern werden Geschenke vorbereitet und verteilt.

- Plätzchen ausstechen
- beim Aufbau der Geschichte helfen
- Geschenktüten verpacken
- Geschenke verteilen (nach dem Gottesdienst)

Mindestanzahl Mitarbeitende (6-7):

- 2 Personen für das Anspiel
- 2-3 zusätzliche Helfer/Helferinnen für die Backaktion und das Verteilen der Materialien
- 1 Musiker/Musikerin
- 1 Person für die Gottesdienstleitung

Materialaufwand:

Vorbereitungsaufwand:

Materialliste

- Nikolausmütze
- Trommel für Katrin
- Bühne: Tisch und Sitzgelegenheiten, Backutensilien (z. B. Schüssel, Nudelholz)
- Stiefel für Katrin, Wasserschüssel und Schuhputzbürste
- Teig für die Plätzchen
- Nudelhölzer (mindestens eins für jeden Tisch)
- Mehlschüsseln (eine für jeden Tisch)
- Ausstecher (mehrere für jeden Tisch)
- Backpapier für jeden Tisch
- 5 biblische Erzählfiguren
- ein großes Tuch in grün oder braun für den Erzählbereich
- für das Haus von Nikolaus: 1 Schuhkarton
- Jutesäckchen
- Goldtaler
- für das Haus der Familie: 1 Schuhkarton mit einem Loch und 1 Klopapierrolle als Schornstein, 1 runder Teefilter-Halter, der innen im Haus direkt unter das Loch geklebt wird, sodass man unten einen Strumpf befestigen kann
- 3 Strümpfe (ausprobieren, welche Größe sicher am Schornstein hängen bleibt)
- Geschenktütchen
- Geschenkbänder
- Herzen aus Papier/Pappe mit Loch und Aufschrift: „Gott beschenkt dich!“

Erlebnisgottesdienst-Vorbereitung

- Ausreichend Plätzchenteig herstellen.
- Backtische vorbereiten.
- Bühne: wohnlich gestalten mit einem Tisch zum Teigkneten und Sitzgelegenheiten, außerdem Stiefel, Wasserschüssel und Schuhputzbürste bereitstellen.
- Material für die Geschichte bereitlegen.
- Basteln zweier Häuser aus einem Schuhkarton, eines davon mit Schornstein.
- Ansprühen der Kieselsteine mit Goldfarbe.
- Geschenktütchen und Bänder bereithalten.
- Herzanhänger mit Aufschrift basteln.

Quellen der Lieder

Einfach Spitze (Daniel Kallauch)

- Du bist Herr Kids 1, Nummer 33
- Einfach Spitze, Nummer 1
- Feiert Jesus! Kids – Liederbuch, Nummer 1
- Kinder feiern Jesus, Nummer 3
- Kommt und singt – Liederbuch für die Jugend, Nummer 193

In der Weihnachtsbäckerei (Rolf Zuckowski)

- Feiert Jesus! Kids – Liederbuch, Nummer 154

Alles was ich hab (Thomas Klein)

- Einfach Spitze, Nummer 38
- Feiert Jesus! Kids – Liederbuch, Nummer 26

Der Vater im Himmel segne dich (Segenslied) (Mike Müllerbauer)

- Einfach Spitze, Nummer 150
- Feiert Jesus! Kids – Liederbuch, Nummer 173

Vorlagen, Fotos von Beispielen

Fotos des Schuhkartonhauses als Bastelvorlage liegen als Download vor.

Grundlagen der Nikolausgeschichte

Die Geschichte von Nikolaus aus Myra kann man in unterschiedlichen Lexika oder im Internet nachlesen.

Personen

Nikolaus von Myra war einer der Ersten, der nicht aufgrund seines Märtyrertodes, sondern aufgrund seiner guten Taten / Wunder von der katholischen Kirche heiliggesprochen wurde. Nikolaus war reich, da er von seinen Eltern viel Geld geerbt hatte. Er nahm das Geld jedoch nicht für sich, sondern verteilte es unter den Armen. Aufgrund seiner guten Taten wurde er von den Leuten zum Bischof ernannt. Der 6. Dezember gilt als sein Sterbetag und ist deshalb sein Gedenktag.

Ort

Nikolaus wirkte in Myra, Kleinasien, dies gehörte zum römischen Reich. Heute liegt der Ort in der Türkei.

Zeit

Geburts- und Sterbedaten sind wissenschaftlich nicht genau belegt. Seine Wirkungszeit liegt in der ersten Hälfte des 4. Jahrhunderts, also ungefähr zwischen 300 bis 350 nach Christus.

Ereignis

Auf Nikolaus von Myra gehen viele legendenhafte Geschichten zurück, die historisch nicht belegbar sind. In diesem Gottesdienst soll es um den Hintergrund der heutigen Nikolaustradition gehen. Darum beschränken wir uns auf die Legende der drei Jungfrauen: Ein verarmter Mann hat drei Töchter. Er ist nicht in der Lage, ihnen die Aussteuer für die Heirat zu bezahlen.
Nikolaus hört davon und beschließt, dieser Familie zu helfen. Er will jedoch nicht, dass ihm dafür gedankt wird. Die Familie soll diese finanzielle Hilfe als Geschenk Gottes ansehen. Darum wirft er nachts heimlich einen Goldklumpen durchs Fenster. Dies wiederholt er in den zwei darauffolgenden Nächten und ermöglicht so den Töchtern die Heirat.
Der Vater will wissen, wer ihnen die Goldklumpen gab, und bleibt in der dritten Nacht wach. Er sieht Nikolaus und dankt ihm. Dieser bittet ihn, nichts davon zu erzählen, aber daran hält sich der Mann nicht. So wird Nikolaus als Wohltäter verehrt und später zum Bischof ernannt.
Eine ähnliche Überlieferung berichtet davon, dass die Mädchen ihre Socken abends immer an den Kamin zum Trocknen hängen. Nikolaus wirft nach dieser Version den Goldklumpen durch den Kamin. Dieser landet dann in den Socken der Mädchen. So erklärt sich auch der heutige Brauch, am Abend vorher seine Schuhe für Geschenke aufzustellen.

Kernaussagen

- Nikolaus möchte andere mit seinem Reichtum beschenken und ihn nicht für sich allein behalten: Wie er sollen auch wir Bedürftigen helfen.
- Das Anliegen der Legende ist es, Dankbarkeit gegenüber Gott in uns zu entfachen.
- Wenn wir Bedürftigen helfen, soll es uns nicht darum gehen, einen Dank oder Lob zu erhalten, sondern darum, uns für Gottes Gnade, die uns geschenkt wurde, dankbar zu erweisen. So wird anderen Gottes Güte auch bekannt gemacht.

Mit den Augen der Kinder sehen

Elementare Strukturen

Nikolaus möchte den armen Menschen zur Ehre Gottes mit seinem Reichtum helfen und bereichert sich nicht selbst.

Elementare Erfahrungen

Kinder machen schon früh Erfahrungen mit den Nöten anderer. Wenn zum Beispiel ein anderes Kind sich verletzt, sind sie meist sehr beeindruckt von den Gefühlen anderer Kinder und fühlen mit. Nur wenige Kinder, die zu unseren Gottesdiensten kommen, erleben Armut persönlich. Häufiger begegnen Kinder Armut in der Stadt, wenn sie Menschen am Straßenrand sitzen sehen, die betteln. Diese Erfahrung kann jedoch bei Kleinkindern nur selten vorausgesetzt werden, da ihr Aktionskreis sich hauptsächlich auf die Familie und Freunde beschränkt.

Elementare Zugänge

Es setzt Empathie voraus, sich um andere zu kümmern, einander zu helfen. Empathie ist keine Sache der Erziehung, vielmehr ist sie als Gabe von Anfang an in den Kindern vorhanden und zeigt sich dem Alter entsprechend auf unterschiedliche Weise. Kleinkinder beispielsweise weinen mit einem anderen Kind mit, wenn dieses traurig ist. Je älter sie werden, desto mehr können sie ihre eigenen Gefühle sowie die der anderen verstehen. So kann man davon ausgehen, dass Armut Kinder betroffen macht und den Wunsch in ihnen weckt, dem anderen Kind zu helfen.

Elementare Wahrheit

Wir sind reich beschenkt mit so vielen Dingen. Wenn wir andere damit beschenken, zeigen wir damit Gottes Liebe.

Erlebnisgottesdienst-Ablauf

Wir hören auf die Musik

Wir werden begrüßt

(mit Nikolausmütze) Guten Morgen ihr alle! Ich bin so gespannt! Bald ist Nikolaustag! Da stelle ich immer meinen Stiefel vor die Tür und am nächsten Tag ist ein kleines Geschenk drin! Das ist doch genial! Macht ihr das auch?
Aber jetzt möchte ich auch erst mal den begrüßen, mit dem wir heute Gottesdienst feiern: Und das ist Gott (nach oben zeigen), der uns liebt (ein Herz aus den Händen formen), der uns beschützt (Arme wie einen Schirm über den Kopf halten) und der uns von allen Seiten umgibt (einmal im Kreis drehen).
Amen (Hände falten)

Wir singen gemeinsam

Einfach Spitze

Wir beten gemeinsam

(Vor dem Gebet den Kehrvers mit den Kindern üben.)

Mitarbeiter/Mitarbeiterin: Lieber Gott, heute Morgen bin ich aufgewacht in einer kuscheligen Decke, in meinem wunderschönen Zimmer!
Ich möchte dir sagen:

Alle: Danke (Hände falten), dass du mir das alles schenkst (Hände zu Schale formen und vor den Bauch halten).

Mitarbeiter/Mitarbeiterin: Lieber Gott, ich habe so viele tolle Sachen zum Spielen: meine Puppe, meine Eisenbahn, ich habe Puzzles und Spiele.
Ich möchte dir sagen:

Alle: Danke (Hände falten), dass du mir das alles schenkst (Hände zu Schale formen und vor den Bauch halten).

Mitarbeiter/Mitarbeiterin: Lieber Gott, ich habe so viele Menschen, die mich gernhaben: meine Mama und meinen Papa, Oma und Opa, meine Freunde.
Ich möchte dir sagen:

Alle: Danke (Hände falten), dass du mir das alles schenkst (Hände zu Schale formen und vor den Bauch halten).

Mitarbeiter/Mitarbeiterin: Lieber Gott, mir geht es so gut: Ich bin gesund, ich kann so viele tolle Sachen machen.
Ich möchte dir immer sagen:

Alle: Danke (Hände falten), dass du mir das alles schenkst (Hände zu Schale formen und vor den Bauch halten).
Amen

Wir hören und sehen Katrin und ihre Mutter

Szene 1: Weihnachtsvorbereitungen

(Katrin springt aufgeregt auf der Bühne herum, weil morgen Nikolaustag ist. Mama macht einen Teig zum Plätzchenbacken.)

Katrin: (singt, tanzt und macht laute Musik auf der Trommel) Lustig, lustig tralalalala, morgen ist Nikolaustag schon da! Morgen ist Nikolaustag schon da!

(Nach einer Weile ...)

Mama: Katrin! Das ist aber laut! Du bist ja total aufgeregt!

Katrin: Ja, heute Nacht kommt ja auch der Nikolaus! Darf ich jetzt endlich meine Stiefel putzen? Bitte, bitte.

Mama: Jetzt noch nicht.

Katrin: Aber warum denn? Ich will das jetzt machen!

Mama: Schau mal! Ich bin jetzt fertig! Wir wollten doch noch Plätzchen backen!

Katrin: Au ja! Stimmt! Die esse ich dann alle auf! Davon gebe ich keins ab! Wenn ich die selbst mache, dann gehören die alle mir!

Mama: Na, na. Das habe ich nicht gesagt.

Katrin: Darf ich jetzt anfangen!

Mama: Komm, wir stimmen uns erst noch ein!

Wir singen gemeinsam: In der Weihnachtsbäckerei

Katrin: Jetzt mag ich aber loslegen!

Mama: Auf jeden Fall! Ihr alle dürft anfangen!

Aktion 1: Wir backen Plätzchen

Auf Tischen liegen Nudelhölzer, Ausstechförmchen, Mehl und Backpapier. Die Eltern dürfen mit den Kindern gemeinsam Plätzchen ausstechen. Als Teig eignet sich ein Teig, der nicht mit Eigelb bestrichen und verziert werden muss, z. B. ein einfacher Schokoladenteig zum Ausstechen. Die fertigen Plätzchen werden auf ein Backpapier gelegt, von Mitarbeitenden abgeholt und sofort gebacken. Wenn die Musik spielt, gehen alle Hände waschen und setzen sich wieder hin.

Material: Teig, Ausstechförmchen, Nudelhölzer, Mehl, Backpapier

Szene 2: Wer ist denn Nikolaus?

(Mama und Katrin suchen Katrins Stiefel, um sie zu putzen. Sie beginnen damit, bis alle Kinder ruhig sind.)

Katrin: Oha, dass die so dreckig sind.

Mama: Ja, da hast du wirklich was zu tun.

(Sie schrubben weiter.)

Katrin: Du Mama, warum kommt der Nikolaus eigentlich?

Mama: Der kommt, weil wir uns an eine Geschichte erinnern, die vor vielen hundert Jahren geschehen ist! Die war so toll, dass wir jedes Jahr am 6. Dezember daran denken!

Katrin: Was für eine Geschichte denn?

Mama: Wie sieht dein Stiefel denn aus? Fertig?

Katrin: Ja, er muss nur noch trocknen.

Mama: Na, dann komm. Dann erzähle ich dir mal die Geschichte!

(Mama und Katrin setzen sich auf den Boden zu den anderen Kindern. Mama breitet eine große, grüne oder braune Decke aus, auf die die Figuren gestellt werden.)

Mama: Vor langer, langer Zeit lebte ein Mann. Der hatte den Namen Nikolaus.

(Die Mama stellt eine biblische Erzählfigur in die Mitte.)

Katrin: Das soll der Nikolaus sein? Der sieht aber ganz anders aus. Wo ist denn die Nikolausmütze? Und der Mantel? Also Mama, das musst du ihm schon noch anziehen, sonst weiß doch niemand, wer das ist!

Mama: Nein, Katrin. Der Nikolaus, an den wir denken, das war ein ganz normaler Mensch wie du und ich. Der hatte auch ganz normale Sachen an.

Katrin: Ach so.

Mama: Nikolaus wohnte in einer Stadt. Die Stadt hieß Myra.

(Die Mama stellt ein aus einem Schuhkarton gebasteltes Haus neben Nikolaus.)

Mama: Als die Eltern von Nikolaus nicht mehr da waren, bekam er von ihnen ganz viel Geld. Schaut mal, wie viel das war!

(Die Mama lässt die Kinder in ein Jutesäckchen mit Goldtalern schauen und stellt dann das Säckchen neben Nikolaus ab.)

Katrin: War das so viel Geld?

Mama: Ja.

Katrin: Konnte der sich dann alles kaufen, was er wollte? Konnte der sich die Eisenbahn, die ich mir doch so sehr wünsche, einfach kaufen?

Mama: Das hätte er bestimmt gekonnt.

Katrin: Und die schöne Puppe, die sprechen kann?

Mama: Ja, die auch.

Katrin: Und alle Sachen, die du mir nicht kaufen möchtest, die hat er sich dann alle kaufen können?

Mama: Hätte er bestimmt. Aber er wollte das nicht.

Katrin: Was? War der blöd?

Mama: Nein. War er nicht. Er hatte etwas anderes vor. Etwas Besseres.

Katrin: Was soll denn schon besser sein, als sich Spielsachen zu kaufen!

Mama: Er wollte das Geld den Menschen geben, die kein Geld hatten.

Katrin: Wieso das denn?

Mama: Nikolaus wusste, dass er alles von Gott geschenkt bekommen hat.

Katrin: Wie jetzt? Ich verstehe nicht.

Mama: Alles, was wir haben, alles. Das hat uns Gott geschenkt. Und wenn wir viel haben, dann sollen wir mit anderen teilen, die nicht so viel haben.

Katrin: Das bedeutet, wenn ich viele Spielsachen habe und meine Freundin hat nur ganz wenige, dass ich ihr dann welche abgebe?

Mama: Genau! Weil Gott dir alles geschenkt hat. Deswegen wollte Nikolaus mit seinem vielen Geld anderen helfen.

Katrin: Das ist ja eigentlich toll.

Mama: Ich kenne ein Lied. Das redet genau davon: Alles, was ich habe, kommt von Gott.

Wir singen gemeinsam: Alles was ich hab

Szene 3: Nikolaus beschenkt die drei Mädchen

Katrin: (singt noch weiter) Das kann ich mir jetzt gut merken. Daran hatte ich vorher noch gar nicht so gedacht. Da ist Nikolaus aber sehr schlau gewesen.

Mama: Das stimmt. Das macht nicht jeder. Deshalb denken wir ja auch so lange noch an ihn.

Katrin: Was hat er denn dann mit dem Geld gemacht?

Mama: Schau mal. Da waren drei Mädchen (stellt drei Erzählfiguren hin) und ihr Papa (stellt den Vater dazu). Die waren sehr arm. Die Mädchen wollten gern heiraten. Aber ohne Geld ging das damals nicht. Sie wohnten in einem kleinen Haus (stellt ein zweites Haus mit Schornstein und Teefilter-Halter neben die Familie).

Katrin: Oh, das ist aber schade.

Mama: Nikolaus wusste, wenn die Mädchen nicht heiraten, würden sie für immer arm bleiben. Und dann fiel ihm etwas ein.

Katrin: Was denn?

Mama: Die Mädchen hängten jeden Abend ihre Strümpfe an den Kamin. Dann waren sie am nächsten Tag warm und trocken.

(Die Mama hängt einen Strumpf an den Teefilter-Halter unter den Schornstein.)

Mama: Nikolaus wartete, bis alle schliefen (Familien hinlegen). Dann kletterte er auf das Dach.

(Die Mama stellt die Erzählfigur Nikolaus mit Geldsack auf das Dach der Mädchen.)

Mama: Er packte einige Goldtaler aus. Dann warf er sie in den Schornstein. Kommt, helft mir!

(Einige Kinder bekommen einen Goldtaler und werfen ihn in den Schornstein.)

Mama: Am nächsten Morgen holte die älteste Tochter ihre Strümpfe. Und was fand sie?

(Die Mama hängt den Strumpf ab und lässt die Kinder hineinschauen.)

Katrin: Goldtaler!

Mama: Da war sie fröhlich und konnte heiraten.

(Die Mama lässt die Figur weglaufen.)

Katrin: Und die anderen zwei Schwestern?

Mama: Am Abend hängten die Mädchen wieder ihre Strümpfe an den Kamin.

(Die Mama hängt einen Strumpf an den Kamin.)

Mama: Nikolaus wartete, bis alle eingeschlafen waren.

(Die Mama legt die Figuren hin.)

Katrin: Warum macht er das nachts? Das ist doch unheimlich!

Mama: Nikolaus wollte das heimlich machen. Er wollte von niemandem gesehen werden.

Katrin: Wieso denn das?

Mama: Er wollte, dass die Mädchen nicht ihm Danke sagen, sondern Gott. Er hat das ja alles von Gott bekommen.

Katrin: Ach so. Wie in dem Lied.

Mama: Er stieg wieder auf das Dach und warf ein paar Goldtaler hinein.

(Die Mama lässt die Kinder Goldtaler in den Schornstein werfen.)

Mama: Am nächsten Morgen holte die zweite Tochter ihre Strümpfe.

(Die Mama hängt den Strumpf ab und lässt die Kinder hineinschauen.)

Katrin: Da ist ja wieder was drinnen?

Mama: Das Mädchen freute sich sehr und konnte heiraten.

(Die Mama lässt das Mädchen weglaufen.)

Mama: Den Papa wunderte das. Er wollte unbedingt wissen, woher das Geld kam. Er beschloss, die ganze Nacht wach zu sein. Am Abend hängte das jüngste Mädchen ihre Strümpfe an den Kamin.

(Die Mama hängt den Strumpf an den Kamin.)

Mama: Der Papa versteckte sich im Haus. Er schaute aus dem Fenster. Und was sah er?

Katrin: Nikolaus!

Mama: Genau! Er kletterte wieder auf das Dach und warf ein paar Goldtaler in den Schornstein.

(Die Kinder werfen Goldtaler in den Schornstein.)

Mama: Der Papa ging hinaus und bedankte sich bei Nikolaus. Nikolaus aber sagte: „Gott hat dir das alles geschenkt! Ich habe ihm nur dabei geholfen!" Am nächsten Morgen hängte die Jüngste ihre Strümpfe ab. Und was fand sie?

(Die Kinder dürfen antworten und nachsehen.)

Katrin: Und dann konnte sie heiraten!

Mama: Genau! Und der Papa wusste, dass alles von Gott geschenkt war!
Komm, wir singen das Lied noch mal!

Wir singen gemeinsam: Alles was ich hab

Szene 4: Wir beschenken andere

Katrin: Das ist aber eine schöne Geschichte! Deswegen kommt der Nikolaus heute Nacht?

Mama: Genau!

Katrin: Warum stellen wir denn dann Stiefel raus und nicht Socken?

Mama: Wahrscheinlich, weil der Stiefel besser steht.

Katrin: Weißt du was? Ich lege einen Socken vor die Tür.

Mama: Das kannst du machen.

Katrin: Und weißt du was?

Mama: Was?

Katrin: Gott hat mir doch auch so viel geschenkt. Ich möchte auch was von dem abgeben, was ich habe. An jemanden, der das nicht hat.

Mama: Das ist eine schöne Idee. Aber was?

Katrin: Mmh (überlegt), die Plätzchen, die mag ich ja so gern. Aber vielleicht mag sie jemand anderes auch? Ich nehme die Plätzchen doch nicht für mich allein! Ich verpacke sie schön, und dann stelle ich sie jemandem heimlich vor die Tür!

Mama: Das ist eine tolle Idee! Und weißt du was? Wir hängen noch ein Herz daran, auf dem „Gott beschenkt dich!" steht! Dann wissen die Menschen, dass Gott an sie denkt!

Katrin: Das will ich jetzt machen!

Aktion 2: Wir verpacken unsere Plätzchen

Die fertigen Plätzchen werden auf den Backtischen verteilt. Die Kinder helfen, die Plätzchen in verschiedene Tüten zu füllen. Mithilfe der Eltern binden sie sie zu und hängen ein beschriftetes Herz mit „Gott beschenkt dich!" dran. Wenn die Musik spielt, kommen alle wieder zusammen.

Material: Geschenktütchen, Geschenkbänder, Herzen aus Papier/Pappe mit „Gott beschenkt dich!"

Katrin: Jetzt hab ich aber viel verpackt! Ich möchte jetzt gleich losgehen und die heimlich verteilen!

Mama: Jeder von euch nimmt ein paar Tütchen mit! Und dann stellt ihr sie irgendjemandem heimlich vor die Tür! Die werden sich freuen! Aber jetzt singen wir erst noch einmal das Lied.

Wir singen gemeinsam: Alles was ich hab

Wir beten gemeinsam

Lieber Gott, danke, dass du uns so reich beschenkst! Bitte lass uns lernen, dass wir anderen etwas abgeben. Bitte hilf uns, armen Menschen zu helfen. Danke, dass du es so gut mit uns meinst.
Amen

Wir singen das Segenslied

Der Vater im Himmel segne dich

Wir empfangen Gottes Segen

Gott, der euch so vieles schenkt, er segne euch!
Gott gebe euch den Mut, andere zu beschenken.
Gott schenke euch offene Augen, wo jemand Hilfe braucht!
Gott, der euch so vieles schenkt, er segne euch!
Amen

Wir hören auf die Musik und gehen nach Hause

Beim Ausgang bekommen alle Kinder Tütchen zum Verschenken und noch ein zurückgelegtes Plätzchen.

Du bist wunderbar!

Bibelstelle: Psalm 139,13-16
Zielgedanke: Die Kinder wissen, dass Gott sie gewollt und wunderbar geschaffen hat.
Kurzbeschreibung Anspiel: Herr Wunderbar betritt den Raum. Er hat den Auftrag von Gott, mit den Kindern den wunderbarsten Schatz der Welt zu finden. Die Kinder müssen gemeinsam verschiedene Aufgaben lösen, um diesen zu finden.
Kurzbeschreibung Aktionen:
- Bilder mit Handabdrücken machen
- Barfußparcours
- Musik machen
- Riechstationen
- Tanzen
- Schatzsuche

Mindestanzahl Mitarbeitende (6):
- 2 Personen für das Anspiel
- 2 zusätzliche Helfer/Helferinnen für die Stationen
- 1 Musiker/Musikerin
- 1 Person für die Gottesdienstleitung

Materialaufwand:
Vorbereitungsaufwand:

Materialliste

- Verkleidung für Herrn Wunderbar:
  - Jackett, große Brille, Hut, Aktenkoffer
- Handy mit lautem Klingelton
- Mikrofon mit Verstärker für Gott, der aus dem „Off" spricht
- 6 kleine Schachteln mit den entsprechenden Zetteln bzw. der Schatzkarte drin, in Geschenkpapier eingepackt, mit Nummer außen drauf
- Tapetenrolle oder Zeichenpapierrolle
- Fingerfarbe, Pinsel
- Zeitungspapier zum Unterlegen
- Küchenrolle zum Hände abwischen
- Stifte
- Beispielbilder als Vorlage
- Bananenkisten
- Fühlmaterial für den Barfußparcours (z. B. Steine, Stöcke, Tannenzapfen, Kühlakkus)
- Musikinstrumente (z. B. Rasseln, Trommeln, Triangeln, Klanghölzer), eventuell bei einem Kindergarten nachfragen
- Schälchen mit Material zum Riechen (z. B. Kräuter, Gewürze, Blumen, Kakao, Früchte)
- Glassteine zum Abstimmen
- Flipchart mit Stift
- große Schatztruhe mit Schloss und Schlüssel
- großer Spiegelkarton, diesen zugeschnitten schräg in die Schatztruhe hineinlegen
- kleine Streichholzschachteln für jedes Kind (sammeln oder bestellen)

- Spiegelkarton zum Zuschneiden
- Zettel mit der Aufschrift „Gottes größter Schatz“ zum Bekleben der Streichholzschachteln
- große Kiste zum Hineinfüllen der Streichholzschachteln

Erlebnisgottesdienst-Vorbereitung

- Geschenke mit Aufgabenzetteln und Schatzkarte (selbst malen, an die Gegebenheiten des Gemeindehauses anpassen) packen und beschriften.
- Koffer für Herrn Wunderbar mit Geschenken und Schlüssel packen.
- Schatztruhe mit Spiegelkarton bestücken und verschließen, dann gut verstecken.
- Materialien für Handabdrücke herrichten und die Vorlagen/Beispiele vorbereiten.
- Barfußparcours aufbauen.
- Instrumente herrichten.
- Riechstation herrichten.
- Flipchart aufstellen.
- Kleine Streichholzschachteln mit Zettel und Spiegelkarton vorbereiten.

Quellen der Lieder

Einfach Spitze (Daniel Kallauch)

- Du bist Herr Kids 1, Nummer 33
- Einfach Spitze, Nummer 1
- Feiert Jesus! Kids – Liederbuch, Nummer 1
- Kinder feiern Jesus, Nummer 3
- Kommt und singt, Liederbuch für die Jugend, Nummer 193

Volltreffer (Daniel Kallauch)

- Einfach Spitze, Nummer 26
- Feiert Jesus! Kids – Liederbuch, Nummer 43
- Kinder feiern Jesus, Nummer 9
- Kommt und singt, Liederbuch für die Jugend, Nummer 488

Brüderchen, komm tanz mit mir (Volksweise)

- z. B hier: www.lieder-archiv.de/bruederchen_komm_tanz_mit_mir-notenblatt_100037.html, letzter Zugriff am 18.11.2016.)

Superstar (Mike Müllerbauer)

- Einfach Spitze, Nummer 4
- Feiert Jesus! Kids – Liederbuch, Nummer 44

Der Vater im Himmel segne dich (Segenslied) (Mike Müllerbauer)

- Feiert Jesus! Kids – Liederbuch, Nummer 173
- Einfach Spitze, Nummer 150

Vorlagen, Fotos von Beispielen

Das Foto eines Beispielbildes mit Handabdrücken (Blume, Schmetterling, Huhn) liegt als Download vor.

Kurzauslegung des Bibeltextes

Psalm 139,13-16

Quellen dieser Informationen:
Schneider, Dieter: Das Buch der Psalmen, 3. Teil. In: Maier, Gerhard / Kohl, Alfred (Hg.): Wuppertaler Studienbibel, SCM R.Brockhaus, Wuppertal 1995, S. 194-203.
Hossfeld, Frank-Lothar: Psalm 139. In: Hossfeld, Frank-Lothar / Zenger, Erich: Herders theologischer Kommentar zum Alten Testament, Psalmen 101-150, Herder Verlag, Freiburg i. Br. 2008.

Personen

David war König von Israel und Juda in der Zeit von 1004 bis 965 v. Chr. Er war der jüngste Sohn Isais und ein gottesfürchtiger Mann.
Der Psalmbeter reflektiert und meditiert sich im Laufe seines Gebets in eine neue Gottesbeziehung hinein. Es treibt ihn um, dass die „Gottlosen" und die, an deren Händen Blut klebt, scheinbar die Welt regieren (Verse 19 ff.). Dazu bauen die Gedanken des Psalms einen Gegenentwurf auf.

Ort

Ein bestimmter Ort für die Gedanken des Psalmbeters lässt sich aus dem Text nicht entnehmen.

Zeit

Der Psalm wird in der christlichen Tradition König David zugeschrieben. Er wurde in einer Zeit geschrieben, in der sich viele Menschen gegen Gott wandten (Verse 19-22). Die heutige Bibelforschung geht von einer viel späteren Entstehung dieses Psalms aus. Die Gedanken des Psalms stehen in inhaltlicher Verbindung mit anderen Spätschriften des Alten Testaments, wie dem Buch Hiob.

Ereignis

Der Psalmbeter lobt Gott in den hier ausgewählten Versen 13-16, weil er ihn so wunderbar gemacht hat:

- „Meine Nieren bereitet" (Vers 13): Damit ist nicht ein bestimmter Körperteil angesprochen. Der Beter will ausdrücken, dass der Mensch als Ganzes von seinem Personenkern her von Gott geschaffen ist. Schon im Mutterleib kennt und liebt Gott den Menschen. Der Psalmbeter erkennt, dass er wunderbar geschaffen ist.
- Mit „Gebein" (Vers 15) ist nicht allein das Knochengerüst des Menschen gemeint, sondern der ganze Bauplan des Menschen, den Gott kennt. Gott hat den Menschen bereits vor seiner Geburt genau so geschaffen und gewollt, wie er ist.
- Gott hat alle unsere Tage in sein Buch geschrieben. Dies ist eine Aussage des Vertrauens, dass wir an allen Tagen unseres Lebens von Gott geführt werden.

Kernaussagen

- Gott kennt jeden einzelnen Menschen durch und durch, weil er ihn von seinem Innersten her genauso geformt und gestaltet hat.
- Jeder Mensch ist ein wunderbares, von Gott gewolltes und geliebtes Original. Gott kennt jeden Menschen bereits vor der Geburt und möchte, dass dieser auf der Welt lebt.
- Gott erschafft einzigartig und wunderbar: Alle Menschen sind Gottes Geschöpfe, sie sind geliebt, gewollt und begleitet.

Mit den Augen der Kinder sehen

Elementare Strukturen

Gott hat jeden Menschen von Anfang an geschaffen. Er hat ihn gewollt und wunderbar gemacht.

Elementare Erfahrungen

Die Kinder merken in ihrem Alltag einerseits, dass sie schon viel Tolles können und werden dafür gelobt. Andererseits bekommen sie auch mit, wenn jemand anderes etwas besser kann. Manchmal werden sie ausgeschlossen, weil sie noch nicht mithalten können oder anders aussehen. Kinder bewerten sich gegenseitig schon recht früh. Auch Erwachsene machen dies mit ihren Kindern. In der heutigen Zeit, in der Förderung an erster Stelle steht, verlieren Erwachsene schnell den Blick dafür, wie wunderbar ihre Kinder eigentlich schon sind. Sie würdigen zu wenig, dass nicht Leistung zählt, sondern das Wesen ihres Kindes einmalig und wunderbar ist.

Elementare Zugänge

Kinder unserer Zielgruppe lernen vor allem durch ihre Sinne und Gefühle. Damit ein Kind versteht, dass es toll ist, so wie es ist, muss es genau dies erfahren. Es braucht eine Atmosphäre, in der sich ein Kind angenommen fühlt, mit dem, was es kann, und so, wie es aussieht. Das Kind soll spüren, dass es wunderbar geschaffen ist.

Elementare Wahrheit

Jedes Kind ist einzigartig und ein von Gott geliebtes, gewolltes und geschaffenes Original!

Erlebnisgottesdienst-Ablauf

Wir hören auf die Musik

Wir werden begrüßt

War das nicht ein wunderbares Musikstück, das uns begrüßt hat? Schön, dass ihr da seid! Wir feiern diesen Gottesdienst im Namen Gottes (nach oben zeigen), der uns liebt (ein Herz aus den Händen formen), der uns beschützt (Arme wie einen Schirm über den Kopf halten) und der uns von allen Seiten umgibt (einmal um den Kreis drehen).
Amen (Hände falten)

Wir singen gemeinsam

Einfach Spitze

Wir beten gemeinsam

(Nach Psalm 139. Gemeinsam mit den Kindern den Kehrvers üben.)

Alle: Danke (Hände nach oben strecken), dass ich so wunderbar gemacht bin! (Hände am ganzen Körper entlang nach unten führen)

Mitarbeiter/Mitarbeiterin: Lieber Gott, ob ich aufstehe oder noch in meinem Bett liege, ob ich zu Hause bin oder im Kindergarten. Ob ich wach bin oder ob ich schlafe: Ich weiß, dass du bei mir bist! Ich sage zu dir:

Alle: „Danke (Hände nach oben strecken), dass ich so wunderbar gemacht bin! (Hände am ganzen Körper entlang nach unten führen)

Mitarbeiter/Mitarbeiterin: Als ich noch im Bauch meiner Mama war, da hast du gewusst, wie ich aussehen werde! Du hast mich geformt und gemacht. Ich sage zu dir:

Alle: Danke (Hände nach oben strecken), dass ich so wunderbar gemacht bin! (Hände am ganzen Körper entlang nach unten führen)

Mitarbeiter/Mitarbeiterin: Du hast mir eine Nase gegeben, mit der ich gut riechen kann. Mit meinen Augen kann ich die Welt sehen! Ich höre die Vögel singen! Mit meinen Händen kann ich viele tolle Sachen machen. Ich sage zu dir:

Alle: Danke (Hände nach oben strecken), dass ich so wunderbar gemacht bin! (Hände am ganzen Körper entlang nach unten führen)
Amen

Wir treffen Herrn Wunderbar

Szene 1: Wir hören von dem Auftrag

(Es klopft an der Tür. Herr Wunderbar betritt den Saal.)

Herr Wunderbar: (Er sieht sich um, untersucht die Hände, die Ohren usw. der Kinder und sagt jedes Mal: „... wunderbar!“) Ah, ich glaube, ich bin hier richtig!

Mitarbeiter/Mitarbeiterin: Oh, Hallo! Ja, wer sind Sie denn?
Herr Wunderbar: Darf ich mich vorstellen (schüttelt dem/der Mitarbeitenden und einigen Kindern die Hand): Herr Walter Wunderbar.
Mitarbeiter/Mitarbeiterin: Guten Tag, Herr Wunderbar! Was bringt Sie zu uns?
Herr Wunderbar: Ich habe einen Auftrag! Ich soll mit wunderbaren Kindern heute auf eine wunderbare Schatzsuche gehen! Wunderbare Kinder habe ich hier doch, oder?
Mitarbeiter/Mitarbeiterin: Ja, das ist richtig.
Herr Wunderbar: Wollen diese Kinder auf eine wunderbare Schatzsuche gehen?
(Kinder dürfen antworten.)
Herr Wunderbar: Na, dann bin ich genau da, wo er mich haben möchte!
Mitarbeiter/Mitarbeiterin: Moment, wer will Sie wo haben?
Herr Wunderbar: Na Gott, wer denn sonst? Er sagte zu mir, ich soll mit wunderbaren Kindern auf wunderbare Schatzsuche gehen.
Mitarbeiter/Mitarbeiterin: Das hört sich aber spannend an! Sollen wir gleich anfangen? (fragt die Kinder) Na dann, los! Wie finden wir denn den Schatz?
Herr Wunderbar: Ich habe hier in meinem Koffer sechs Geschenke. Darauf stehen Zahlen und es sind Aufgaben drin. Wenn wir eine geschafft haben, singen wir Gott ganz laut ein Lied, er ruft mich an und gibt uns die nächste Aufgabe.
Mitarbeiter/Mitarbeiterin: Jetzt bin ich aber aufgeregt! Seid ihr bereit?
(Kinder dürfen antworten.)
Herr Wunderbar: Dann auf zu Gottes wunderbarer Schatzsuche! Wir singen jetzt als erstes das Lied, damit Gott mich anruft und wir starten können!

Wir singen gemeinsam: Volltreffer, Strophe 1

Szene 2: Wunderbare Hände

(Das Handy klingelt. Die Stimme von Gott kommt aus dem Off.)

Herr Wunderbar: Ja, hallo?
Gott: Wunderbar! Ihr könnt ja wunderbar singen! Und wie toll ihr alle ausseht! Schön, dass ihr auf meine wunderbare Schatzsuche geht! Jetzt macht das erste Geschenk auf!
Herr Wunderbar: (öffnet den Koffer) Wer möchte es denn öffnen?
(Ein Kind darf das erste Geschenk öffnen. Herr Wunderbar liest den enthaltenen Zettel vor.)
Herr Wunderbar: „Macht ein wunderbares Bild mit euren wunderbaren Händen!“ Das ist doch toll! Kommt, wir legen gleich los!

Aktion 1: Wir drucken unsere Hände

Den Kindern wird eine Hand mit bunter Fingerfarbe angemalt. Nun drucken sie ihre Hände auf eine Tapetenrolle. Mithilfe von Stiften können sie aus der Hand z. B. eine Blume machen. So entsteht ein buntes Wiesenbild. Beispielbilder liegen als Anregung für die Kinder bereit (siehe Downloads zum Buch).
Material: Fingerfarbe, Pinsel, Tapetenrolle, Stifte, Beispielbilder, Zeitungspapier zum Unterlegen, Küchenrolle

Wir singen gemeinsam: Volltreffer, Strophe 4

Szene 3: Wunderbare Füße

(Das Handy klingelt wieder.)

Herr Wunderbar: Wunderbar, Hallo Gott?

Gott: Wunderbar! Wie wunderbare Hände ihr habt! Dann öffnet jetzt das zweite Geschenk und erlebt etwas Wunderbares!

Herr Wunderbar: Habt ihr das gehört? Gott findet eure Hände wunderbar! Wer möchte denn das zweite Geschenk öffnen?

(Ein Kind öffnet das zweite Geschenk. Herr Wunderbar liest den Zettel vor.)

Herr Wunderbar: „Spürt mit euren Füßen wunderbare Sachen!" Habt ihr das gehört? Ich glaube, das machen wir hier!

(Herr Wunderbar zeigt auf den Barfußparcours.)

Aktion 2: Barfußparcours

Die Kinder ziehen ihre Schuhe und Socken aus. Dann durchlaufen sie einen Parcours und spüren verschiedene Dinge. Dazu stehen Bananenkisten mit verschiedenen Inhalten bereit. Geeignete Inhalte sind z. B. Steine, Stöcke, Kühlakkus, Stroh.
Material: Bananenkisten, Fühlmaterialien

Die Kinder dürfen mit ihren Eltern durch den Parcours laufen. Dann fordert Herr Wunderbar sie auf, die Schuhe wieder anzuziehen und das Lied „Volltreffer" zu singen.

Wir singen gemeinsam: Volltreffer (wer möchte, kann eine eigene Strophe zum Thema „Füße" dichten)

Szene 4: Wunderbare Ohren

(Das Handy klingelt wieder.)

Herr Wunderbar: Hallo Gott, war das nicht wunderbar?

Gott: Absolut. Wie alle mit ihren wunderbaren Füßen so viel gefühlt haben! Ihr kommt dem wunderbarsten Schatz immer näher! Öffnet das dritte Geschenk!

Herr Wunderbar: Habt ihr das gehört? Gott findet eure Füße wunderbar! Wer möchte denn das nächste Geschenk öffnen?

(Ein Kind öffnet das nächste Geschenk. Herr Wunderbar liest den Zettel vor.)

Herr Wunderbar: „Hört mit euren Ohren wunderbare Sachen!" Ui, jetzt dürfen wir was für unsere Ohren tun! Kommt, wir machen Musik!

Aktion 3: Wir machen Musik

Herr Wunderbar führt die Kinder zu einem Bereich, in dem Instrumente für kleine Kinder liegen. Sie dürfen sich eines nehmen und erst einmal nur Musik machen. Dann gibt Herr Wunderbar Anweisungen: laut, leise, schnell, langsam. Am Ende singen alle mit den Instrumenten das Lied „Volltreffer".
Material: Musikinstrumente (z. B. Rasseln, Trommeln)

Wir singen gemeinsam: Volltreffer, Strophe 2

Szene 5: Wunderbare Nasen

(Das Handy klingelt wieder.)

Herr Wunderbar: War das nicht wunderbar?

Gott: Wunderbar! Was die Kinder alles mit ihren wunderbaren Ohren hören können! Laut und leise! Wunderbar! Dann macht euch weiter auf die Suche nach dem wunderbaren Schatz und öffnet das vierte Geschenk!

Herr Wunderbar: Habt ihr das gehört? Ihr habt wunderbare Ohren! Wer möchte denn das nächste Geschenk aufmachen?

(Ein Kind öffnet das Geschenk. Herr Wunderbar liest den Zettel vor.)

Herr Wunderbar: „Riecht mit eurer Nase wunderbare Dinge!" Habt ihr das gehört? Jetzt dürft ihr riechen! Kommt, das machen wir jetzt!

Aktion 4: Wir riechen

Herr Wunderbar führt die Kinder zu Tischen, auf denen verschiedene duftende Dinge liegen. Jedes Kind bekommt einen Glasstein und soll diesen zu dem Gegenstand legen, den es am besten fand. Dinge zum Riechen können z. B. sein: Kräuter (z. B. Basilikum), Gewürze (z. B. Zimt), Blumen (z. B. Lavendel), Kakao, Früchte (z. B. Zitrone).

Material: Glassteine, duftende Dinge

Herr Wunderbar fordert alle auf, sich zu entscheiden und ihren Glasstein abzulegen. Dann singen sie gemeinsam das Lied „Volltreffer".

Wir singen gemeinsam: Volltreffer, Strophe 5

Szene 6: Wunderbare Beine

(Das Handy klingelt wieder.)

Herr Wunderbar: Hallo!

Gott: Hallo ihr! Wie habt ihr euch denn entschieden? Was duftet am wunderbarsten?

Herr Wunderbar: Na, dann wollen wir mal zählen. (Herr Wunderbar zählt gemeinsam mit den größeren Kindern die Glassteine an den Duftstationen) ... hat gewonnen!

Gott: Ja, mit euren Nasen könnt ihr wunderbare Dinge riechen! Weiter so! Bald entdeckt ihr den wunderbarsten Schatz auf der Welt! Öffnet das fünfte Geschenk!

Herr Wunderbar: Habt ihr das gehört? Schaut euch mal eure Nasen an! Sind die nicht wunderbar? Wer möchte denn das nächste Geschenk aufmachen?

(Ein Kind öffnet das nächste Geschenk. Herr Wunderbar liest den Zettel vor.)

Herr Wunderbar: „Macht mit euren Beinen wunderbare Sachen!" Oh, jetzt kommen die Beine dran! Kommt, lasst uns tanzen!

Aktion 5: Wir tanzen

Herr Wunderbar tanzt und singt mit allen „Brüderlein, komm tanz mit mir." Dazu stellen sie sich im Kreis auf und singen alle Strophen und im Anschluss das Lied „Volltreffer".

Wir singen gemeinsam: Volltreffer, Strophe 3

Szene 7: Der wunderbarste Schatz

(Das Handy klingelt wieder.)

Herr Wunderbar: Hast du gesehen, wie wunderbar alle getanzt haben?

Gott: Oh ja! Alle Kinder haben wunderbare Beine! Jetzt wird es wirklich Zeit, dass ich euch verrate, wo der wunderbarste Schatz der Welt versteckt ist!

Herr Wunderbar: Habt ihr das gehört? Ihr habt so wunderbare Beine! Und jetzt sollen wir den wunderbarsten Schatz der Welt finden? Bin ich aufgeregt! Ich frag gleich noch mal nach! (nimmt das Handy) Gott?

Gott: Ja?

Herr Wunderbar: Wo finden wir denn den wunderbarsten Schatz der Welt?

Gott: Schau mal in den Koffer! Da ist noch ein Geschenk! Das verrät euch, wo er ist!

Herr Wunderbar: (schaut in den Koffer) Tatsächlich! Noch eins! Wer macht das auf?

(Ein Kind macht das sechste Geschenk auf, in dem eine Schatzkarte ist. Herr Wunderbar überträgt sie auf ein Flipchart-Plakat und erklärt die Orte. So ist klar, wo die Kinder suchen müssen. Sie finden eine verschlossene Schatzkiste.)

Herr Wunderbar: Oh! Eine Schatzkiste! Was ist denn da wohl drinnen? Oh weh, die ist abgeschlossen ... Ich schau mal. Vielleicht hat Gott irgendwo einen Schlüssel in meinem Koffer versteckt ... (sucht und findet) Tatsächlich! Da ist einer! Dann wollen wir die Kiste mal aufmachen!

Aktion 6: Wir entdecken den wunderbarsten Schatz

(Wunderbar schließt auf und schaut vorsichtig hinein. In der Schatztruhe liegt schräg ein großer Spiegel, sodass man sich gleich sieht, wenn man hineinschaut.)

Herr Wunderbar: (kommentiert beim Hineinschauen) Wie wunderbar! Das ist echt das Wertvollste, was ich je gesehen habe! Das muss sich jedes Kind allein anschauen! Macht mal eine Reihe und dann schaut hinein!

(Herr Wunderbar öffnet für jedes Kind einzeln die Kiste und sagt: „Wie wunderbar! Das ist Gottes größter Schatz!" Alle Kinder schauen hinein.)

Mitarbeiter/Mitarbeiterin: Was habt ihr denn in der Schatzkiste gesehen?

(Die Kinder dürfen antworten.)

Herr Wunderbar: Ihr habt euch selbst gesehen! Weil ihr Gottes wunderbarster Schatz seid! Ich habe ein Lied, das möchte ich mit euch noch singen. Weil Gott euch liebt! Von dem Kopf bis zu den Beinen!

Wir singen gemeinsam: Superstar

Mitarbeiter/Mitarbeiterin: Danke, Herr Wunderbar! Jetzt wissen wir, dass wir Gottes wunderbarster Schatz sind!

Herr Wunderbar: Das habe ich gern gemacht! Und damit ihr das nie vergesst, lass ich euch noch etwas da. Das dürft ihr nachher mit nach Hause nehmen (lässt noch eine Kiste mit Geschenken da). Auf Wiedersehen Kinder! Und vergesst nicht, wie wunderbar ihr seid!

(Herr Wunderbar verabschiedet sich und die Gottesdienstleitung übernimmt.)

Wir beten gemeinsam

Kommt, wir wollen Gott Danke sagen, dass er uns so wunderbar gemacht hat!

Alle: Danke (Hände nach oben strecken), dass ich so wunderbar gemacht bin! (Hände am ganzen Körper entlang nach unten führen)

Mitarbeiter/Mitarbeiterin: Lieber Gott, Du hast mir gezeigt: Ich habe wunderbare Hände! Mit ihnen kann ich basteln, malen, helfen, klettern! Ich sage zu dir:

Alle: Danke (Hände nach oben strecken), dass ich so wunderbar gemacht bin! (Hände am ganzen Körper entlang nach unten führen)

Mitarbeiter/Mitarbeiterin: Du hast mir Füße gegeben, mit ihnen kann ich den Boden spüren! Du hast meine Beine gemacht! Ich kann mit ihnen rennen, tanzen und springen! Ich sage zu dir:

Alle: Danke (Hände nach oben strecken), dass ich so wunderbar gemacht bin! (Hände am ganzen Körper entlang nach unten führen)

Mitarbeiter/Mitarbeiterin: Mit meiner Nase kann ich riechen: leckeres Essen, den Frühling, den Schnee, den Regen. Mit meinen Ohren kann ich hören, Stimmen, Geräusche, den Wind. Ich sage zu dir:

Alle: Danke (Hände nach oben strecken), dass ich so wunderbar gemacht bin! (Hände am ganzen Körper entlang nach unten führen)

Mitarbeiter/Mitarbeiterin: Lieber Gott: Für dich bin ich wunderbar. Genauso wie ich bin, hast du mich gemacht. Und das ist gut so. Für dich bin ich dein größter Schatz! Ich sage zu dir:

Alle: Danke (Hände nach oben strecken), dass ich so wunderbar gemacht bin! (Hände am ganzen Körper entlang nach unten führen)
Amen

Wir singen das Segenslied

Der Vater im Himmel segne dich

Wir empfangen Gottes Segen

Gott segne deine Hände, dass sie anderen helfen.
Gott segne deine Beine, dass sie mutige Schritte nach vorne gehen.
Gott segne deinen Mund, dass liebe Worte sich verbreiten.
Gott segne dich von Kopf bis Fuß, heute und für alle Zeiten.
Amen

Wir hören auf die Musik und gehen nach Hause

Die Kinder bekommen am Ausgang ein Schatzkistchen, in dem ein Spiegel liegt. Dazu werden Streichholzschachteln mit einem Zettel beklebt, auf dem „Gottes größter Schatz“ steht. In die Streichholzschachtel wird passend ein Spiegelkarton geklebt.

Lauft mit uns nach Bethlehem!

Bibelstelle: Lukas 2,1-20 (Matthäus 2,1-12)
Zielgedanke: An Weihnachten ist etwas Besonderes geschehen: Jesus ist geboren!
Kurzbeschreibung Anspiel: Der Gottesdienst findet in mehreren Stationen im Freien statt: Die Kinder treffen die Hirten beim Einkaufen auf dem Marktplatz. Sie begleiten sie auf das Feld, wo ihnen der Engel die frohe Botschaft verkündet. Gemeinsam mit den Hirten suchen sie den Stall und finden schließlich das Jesuskind.
Kurzbeschreibung Aktionen: Die Kinder sind Zuschauer des Anspiels, sie laufen gemeinsam mit den Hirten und finden schließlich auch das Kind im Stall.
Mindestanzahl Mitarbeitende (ca. 18):
- mind. 11 Personen für das Anspiel
- Musiker/Musikerinnen, die im Freien spielen können (z. B. Blechblasinstrumente)
- 1 Person für die Gottesdienstleitung
- 1 Person für die Technik

Materialaufwand:
Vorbereitungsaufwand:

Materialliste

- mobiler akkubetriebener Verstärker mit Mikrofon
- Marktstand mit Gemüse, Mehl und Mehlsäcken
- Kostüm für Marktschreier: Schürze
- 4 Kostüme für die Hirten: z. B. Umhänge/Felle, Hüte, Stäbe
- Gitarre, Querflöte oder anderes Instrument für einen Hirten
- Trommel
- Kostüm Bote des Kaisers: z. B. Umhang, Schriftrolle
- Kostüm Maria (schwanger): z. B. Tuch, Kleid
- Kostüm Josef: z. B. Umhang
- Kostüm Engel: z. B. weißes Gewand
- Schafe (z. B. aus Holz gesägt)
- Feuerschale mit Holz und Anzündern
- Schüssel, Wasser, Mehl, Kochlöffel zum Teig machen
- Leiter, in ein schwarzes Tuch gewickelt
- Kostüme Sterndeuter: z. B. Umhänge, Landkarte, Fernrohr
- 3 Geschenke der Sterndeuter
- Stern über dem Stall (z. B. aus Pappe)
- Krippe
- Jesuskind (vielleicht gibt es eine Mama mit einem echten Baby, die die Rolle der Maria übernehmen möchte)
- Heu- oder Strohballen
- Säcke zum Abdecken
- Gläser mit Teelicht für alle Kinder
- Laterne mit echter Kerze
- Streichhölzer

Erlebnisgottesdienst-Vorbereitung

- Auswahl der Orte: Der Gottesdienst soll im Freien, möglichst außerhalb des Ortes auf den Feldern stattfinden und in einem echten Stall enden. Gibt es Bauernhöfe vor Ort, von denen ein Stall genutzt werden kann? Auf dem Weg zum Stall benötigt man folgende Stationen: **Station 1:** Auf einem Platz, der ein Marktplatz darstellen könnte, mit ausreichend Platz für alle Leute. **Station 2:** Eine Wiese, auf der die Hirten am Feuer sitzen können. **Station 3:** Eine Weggabelung, bei der die Könige auf die Hirten treffen.
- Gibt es diese Möglichkeit auf dem freien Feld mit Stall nicht, so kann der Gottesdienst rund um das Gemeindehaus stattfinden. Der Stall kann dann im Gemeindehaus sein.
- Klärung der Technik: Bei einem Gottesdienst auf dem Feld und auch um das Gemeindehaus herum benötigt man einen akkubetriebenen Verstärker mit Mikrofon. Das Anspiel sollte unbedingt mit der Technik geprobt werden.
- Kostüme und Materialien zusammensuchen.
- Lichtergläser mit Teelichtern für die Kinder vorbereiten.

Quellen der Lieder

Alle Jahre wieder (Wilhelm Hey)
- O du fröhliche. Das Weihnachtsliederbuch, Oetinger, Hamburg 2002, S. 31

Kommet ihr Hirten (Carl Riedel)
- Evangelisches Gesangbuch, Nummer 48
- Kommt und singt, Liederbuch für die Jugend, Nummer 60

Hört der Engel helle Lieder (Otto Abel)
- Evangelisches Gesangbuch, Nummer 54
- Kommt und singt, Liederbuch für die Jugend, Nummer 64

Stern über Bethlehem (Alfred Hans Zoller)
- Kommt und singt, Liederbuch für die Jugend, Nummer 68

Ihr Kinderlein, kommet (Christoph von Schmid)
- Evangelisches Gesangbuch, Nummer 43
- Kommt und singt, Liederbuch für die Jugend, Nummer 42

Stille Nacht (Joseph Mohr)
- Evangelisches Gesangbuch, Nummer 46
- Kommt und singt, Liederbuch für die Jugend, Nummer 56

O du fröhliche (Johannes Daniel Falk / Heinrich Holzschuher)
- Evangelisches Gesangbuch, Nummer 44
- Kommt und singt, Liederbuch für die Jugend, Nummer 55

Vorlagen, Fotos von Beispielen

Fotos von dem Anspiel (Stall, Markt, Feld) liegen als Download vor.

Kurzauslegung des Bibeltextes

Lukas 2,1-20 (Matthäus 2,1-12)

Quellen dieser Informationen:
Maier, Gerhard: Lukas-Evangelium 1. Teil. In: Ders. (Hg.): Edition C – Bibelkommentar Bd.2, SCM R.Brockhaus, Witten 2013, S.76 ff.
Maier, Gerhard: Matthäus-Evangelium 1.Teil. In: Ders. (Hg.): Edition C – Bibelkommentar Bd.1, SCM R.Brockhaus, Witten 2013, S. 29 ff.
https://de.wikipedia.org/wiki/Heilige_Drei_Könige, letzter Zugriff am 2.1.2017.
Zilling, Henrike Maria: Überlegungen zum Zensus des Qurinius, unter: www.hsozkult.de/debate/id/diskussionen-853, letzter Zugriff am 2.1.2017.
Sangalli, Ruggero: In welchem Jahr starb Herodes?, unter: www.katholisches.info/2011/01/19/in-welchem-jahr-starb-herodes, letzter Zugriff am 2.1.2017.

Personen

Josef stammte aus Bethlehem und war ein Nachkomme Davids. Er war von Beruf Zimmermann.
Maria war eine gottesfürchtige Frau. Sie war Josefs Verlobte.
Hirten mussten zur Zeit Jesu hart arbeiten. Sie hatten die Aufgabe, die Schafe zu versorgen und sie vor wilden Tieren und Räubern zu beschützen. In den warmen Monaten von April bis November blieben sie Tag und Nacht bei ihnen auf dem Feld. Sie hatten ein geringes Ansehen bei den Menschen.
Die sogenannten Heiligen Drei Könige oder Sterndeuter: Sie waren persische oder babylonische Priester, die in die Astrologie eingeweiht waren und die Konstellationen der Sterne deuteten. Sie stehen für die Heidenvölker (Ungläubigen), die nach dem „König" suchen und ihn finden, während Herodes und die Schriftgelehrten (die politisch und religiös Mächtigen) sich nicht auf den Weg machen.

Ort

Nazareth war zur Zeit Jesu ein kleines Dorf mit ca. 200 Einwohnern. Maria kam aus Nazareth.
Bethlehem liegt 8 km südlich von Jerusalem, auf einem kleinen Hügel und ist der Heimatort der Familie Davids. Von Nazareth nach Bethlehem waren es ungefähr 150 km, die Strecke dauerte zu Fuß ca. fünf Tage.

Zeit

Lukas datiert die Geburt Jesu in die Regierungszeit des Kaisers Augustus. Dieser regierte von 31 v. Chr. bis 14 n. Chr. Jesus wurde nach dem Zeugnis beider Evangelisten unter der Herrschaft von Herodes dem Großen geboren (Mt 2,1.22; Lk 1,5). Folgt man der häufigen Interpretation der Angaben des jüdischen Schriftstellers Josephus Flavius, wurde er spätestens 4 v. Chr. geboren, da in diesem Jahr Herodes starb. Doch sind sich nicht alle Historiker über die Datierung des Todesjahres des Herodes einig (siehe R. Sangalli).
Auch die Datierung der von Lukas angegebenen Volkszählung ist unter Historikern nicht eindeutig, je nachdem wie man diese Steuerschätzung interpretiert und zeitlich einordnet (siehe H. M. Zilling). Zu bedenken ist außerdem, dass das älteste Evangelium (Markus)

eine Geburtsgeschichte nicht überliefert. Das Interesse der Evangelien liegt nicht auf der Ebene moderner historisch-wissenschaftlicher Betrachtung. Wenn Lukas die Geburt Jesu in einen großen geschichtlichen Rahmen stellt, dann will er damit die weltgeschichtliche Bedeutung dieses Kindes herausstellen. Die gleiche Absicht verfolgt Matthäus mit seiner Erzählung vom Besuch der drei Weisen.

An dieser Glaubensaussage ändert sich nichts, wenn man feststellt, dass die gemachten Angaben nicht ausreichen, um ein genaues Geburtsjahr zu bestimmen.
Ebenso wenig hängt unser Glaube daran, ob Jesus an unserem Weihnachtstermin geboren ist. Schon die Darstellung des Lukas lässt sich nicht mit unserem Termin in Einklang bringen. Denn um diese Jahreszeit blieben auch in Bethlehem die Hirten nicht mehr mit ihren Herden auf den Feldern.
Unser heutiges Weihnachtsfest ist erstmals im 4. Jahrhundert in Rom belegt.

Ereignis

Der Kaiser erlässt, wie uns Lukas erzählt, eine Verordnung, dass sich alle Menschen des römischen Reiches in Steuerlisten eintragen sollen.
Da Josef als Nachkomme Davids aus Bethlehem stammt (Lk 2,4) muss er dorthin ziehen. Seine Verlobte Maria, die schwanger ist, geht gemeinsam mit ihm.
In Bethlehem ist durch die Volkszählung jede Herberge belegt, sodass Maria ihren Sohn in einem Stall zur Welt bringt. Ställe gab es damals sowohl in Wohnhäusern als auch in Form eines überdachten Stalles oder einer Höhle.
Die Hirten hüten rund um Bethlehem ihre Schafe. Der Engel erscheint ihnen völlig unvorbereitet und sie bekommen große Angst. Aber der Engel verkündet ihnen die frohe Botschaft und betont, dass „euch" heute der Retter geboren ist, also gerade auch denen, die gering geschätzt werden. Die Hirten begreifen, dass Gott ihnen etwas mitteilt. Darum gehen sie nach Bethlehem und finden alles genau so, wie der Engel es gesagt hat. Sie gehen wieder heim und preisen und loben Gott über das, was sie gehört und gesehen haben. Darin sind sie Vorbild für alle, die zur Krippe kommen. Die Freude über die Geburt Jesu drängt zum Lobpreis über Gottes Liebe zu uns.
Die Sterndeuter – davon erzählt uns der Evangelist Matthäus – sehen einen Stern, der auf einen neugeborenen König hinweist. Sie kommen aus dem Osten und suchen den König erst im Palast in Jerusalem, finden dann aber Jesus im Stall in Bethlehem. Durch ihre Geschenke erkennen sie das Kind im Stall als König der Menschheit an.

Kernaussagen

- Es war damals schon kein Platz für Jesus: Maria und Josef fanden keine Herberge.
- Jesus kam nicht als reicher König, er kam arm. Er ist deshalb mit den Armen und Unterdrückten solidarisch (vgl. u. a. sein programmatisches Auftreten in Nazareth in Lukas 4,18 f.).
- Die Engel verkündeten zuerst den Hirten, was geschehen ist. Die Kleinen und Geringgeschätzten werden von der Botschaft angesprochen und machen sich auf, um Jesus zu suchen.
- Gott rief die Sterndeuter aus dem Osten zu Jesus, sie erkannten Jesus als König an. Jesus kommt auch für Menschen, die nicht zum Volk der Juden gehören.

Mit den Augen der Kinder sehen

Elementare Strukturen

Jesus kam auf die Welt und die Menschen wurden verändert und beteten ihn an.

Elementare Erfahrungen

Kinder spüren, wenn etwas Besonderes geschieht: Sie sind voller Vorfreude auf verschiedene Ereignisse. Schon kleine Kinder sind begeistert und fasziniert von der Geburt eines kleinen Kindes. Kinder haben Angst vor der Dunkelheit. Mit der Weihnachtsgeschichte erleben sie, dass Jesus das Dunkle hell macht. Dies verdeutlicht auch die Kerze, die sie in der Dunkelheit am Ende des Gottesdienstes mit nach Hause bekommen.

Elementare Zugänge

Die Kinder lernen mit allen Sinnen: Sie sehen, hören, erleben. Das Weihnachtswunder soll ihnen durch seine besondere Atmosphäre nahegebracht werden. Die Kinder sind in diesem Erlebnisgottesdienst unterwegs, so wird der Aufbruch zu Jesus deutlich. Wenn sie beim Stall sind, ist es dunkel und doch leuchtet ihnen das Licht von Jesus den Weg nach Hause.

Elementare Wahrheit

An Weihnachten ist etwas Besonderes geschehen: Jesus ist geboren!

Erlebnisgottesdienst-Ablauf

Dieser Erlebnisgottesdienst wirkt durch seine Natürlichkeit. Wenn man ihn Heilig Abend um 16 Uhr feiert, erlebt man den Sonnenuntergang live mit. Er beginnt im Hellen und die Kinder gehen im Dunkeln mit ihren Kerzen nach Hause. Der Gottesdienst kann bei jedem Wetter stattfinden. Wichtig ist, dass die Wege für Kinderwagen geeignet sind.

Wir hören auf die Musik

Wir werden begrüßt

Liebe Kinder, liebe Erwachsene! Herzlich Willkommen zum Gottesdienst für kleine Leute! Es wird Abend. Der Heilige Abend naht. Wir sind hier. Nicht um stehen zu bleiben, sondern um uns gemeinsam auf den Weg zu machen. Auf den Weg zum Heiligen Abend. Auf den Weg zur Geburt Jesu. Schön, dass ihr da seid!
Wir feiern diesen Gottesdienst im Namen Gottes (nach oben zeigen), der uns liebt (ein Herz aus den Händen formen), der uns beschützt (Arme als Schirm über den Kopf halten) und der uns von allen Seiten umgibt (einmal im Kreis drehen).
Amen (Hände falten)

Wir singen gemeinsam

Alle Jahre wieder, Strophe 1-3

Wir beten gemeinsam

Lieber Gott, so lange haben wir auf diesen Abend gewartet: Wir haben gebacken, alles schön hergerichtet und immer mehr Türchen vom Adventskalender geöffnet. Und nun ist Weihnachten da. Wir sind aufgeregt. Und zugleich wollen wir jetzt leise sein. Wir wollen unsere Ohren und unsere Augen aufmachen, damit wir die Weihnachtsgeschichte aus der Bibel sehen, hören und erleben. Die Geschichte von der Geburt deines Kindes. Lass sie zu unserem Herzen sprechen. Danke, dass du mitten unter uns bist.
Amen

Wir hören und sehen, was in Nazareth geschah

Szene 1: Die Hirten auf dem Marktplatz

(Der Schauplatz ist ein Marktplatz. Dort steht ein Marktstand mit verschiedenem Gemüse. Ein Marktschreier preist seine Waren an. Die Hirten Simon und Nathanael sind anfangs nicht zu sehen. Sie suchen sich durch die Menschen einen Weg nach vorne.)

Nathanael: Simon!!! Simon!!!
Simon: Nathanael! Hier bin ich!
Nathanael: Wo bist du?
Simon: Na hier drüben!!!

Nathanael: Wo drüben? Da drüben oder hier drüben? Ich kann dich nicht sehen!

Simon: Komm zum Marktstand! Ich warte da auf dich!

(Simon und Nathanael finden sich endlich vor dem Marktstand.)

Nathanael: Da bist du ja! Ich konnte dich gar nicht finden!

Simon: Das ist echt unglaublich, wie viele Menschen hier sind!

Nathanael: Bei uns auf dem Feld sind wir immer allein. Ich habe schon lange nicht mehr so viele Menschen auf einmal gesehen!

Simon: Ich auch nicht! Uns ist doch nur das Mehl ausgegangen! Sonst wären wir bei den anderen beiden Hirten auf dem Feld!

Nathanael: Wir müssen uns beeilen! Wir können Jonathan und David nicht so lange allein lassen! Die vielen Schafe! Wenn da ein Wolf kommt! Die müssen dann ganz allein auf unsere Schafe aufpassen!

Simon: Du hast recht! Komm schnell, da drüben gibt es Mehl!

(Simon und Nathanael gehen zum Marktstand.)

Marktschreier: Was darf es denn sein für das Hirtenvolk?

Simon: Mehl bitte, zwei Säcke!

(Während der Marktschreier das Mehl einpackt, beginnt es zu trommeln. Die Hirten werden neugierig. In der Mitte tritt ein Bote des Kaisers auf. Maria und Josef kommen aus der Menge der Zuschauenden. Sie treten näher an ihn heran. Auch Simon und Nathanael gehen näher auf den Boten zu.)

Simon: Wer ist das denn?

Nathanael: Das ist ein Helfer von Kaiser Augustus! Was der Kaiser sagt, das muss man tun! Jetzt bin ich aber gespannt, was er diesmal möchte!

Simon: Pssst, sei leise, es geht los!

Bote: Ich bin ein Bote von Kaiser Augustus. Der Kaiser möchte wissen, wie viele Menschen in seinem großen Land leben! Deshalb muss jeder Mann so schnell wie möglich mit Frau und Kindern in seinen Heimatort gehen! Dort muss er sich in eine Liste eintragen! So lautet der Befehl des Kaisers. Also brecht bald auf! Denkt daran: Was der Kaiser sagt, das muss jeder tun! Denn der Kaiser ist der Herr und er hat die Macht!

(Der Bote tritt wieder ab.)

Nathanael: Moment, was hat der gesagt?

Simon: Na, du sollst in die Stadt gehen, in der du geboren wurdest! Da sollst du dich dann in eine Liste eintragen. Dann weiß der Kaiser, wie viele Leute in seinem Land wohnen!

Nathanael: (überlegt) Dann musst du nach Jerusalem und ich nach Bethlehem.

Simon: Gut, dass wir immer woanders sind. Da kommen wir überall vorbei.

(Maria und Josef stehen neben ihnen. Maria hat einen dicken Bauch.)

Maria: Was? Aber Josef! Dann müssen wir ja jetzt nach Bethlehem gehen! Ich kann doch nicht mehr so weit laufen! Unser Baby kommt doch bald zur Welt! Das schaff ich nie!

Josef: Aber Maria, wir können da nichts machen! Der Kaiser hat das gesagt, und dann müssen wir das auch machen!

Maria: Oh nein. Wie weit ist es denn nach Bethlehem?

(Maria wendet sich an die Hirten.)

Maria: Wisst ihr das?

Simon: Oh ... das ist weit. Das müssten ungefähr fünf Tage zu Fuß sein!

Maria: (verzweifelt) Josef! Wie sollen wir das nur schaffen?

Josef: Maria, beruhige dich doch! Wenn Gott das so will, dann wird das klappen!

Nathanael: Können wir euch denn irgendwie helfen? Ihr seid ja ganz traurig!

Josef: Das ist nett. Wir gehen jetzt nach Hause und packen ganz schnell. Maria bekommt bald unser Kind. Wir müssen gleich los. Dann sind wir hoffentlich vor der Geburt unseres Kindes in Bethlehem! Aber könnt ihr uns vielleicht noch den kürzesten Weg dorthin zeigen?

Simon: Klar! Ihr müsst immer dort entlang!

(Simon zeigt in Richtung Stall.)

Josef: Danke! Vielen Dank!

(Josef und Maria gehen so schnell es geht davon.)

Nathanael: (ruft ihnen nach) Kommt gut an! – Die Armen. Hoffentlich schaffen sie es noch, bevor das Baby auf die Welt kommt!

Simon: Hoffentlich. An solche Frauen denkt der Kaiser wohl nicht! – Komm, lass uns schnell das Mehl holen! Wir müssen zu den anderen Hirten! Die warten schon auf uns! Wir müssen ihnen von dem Befehl des Kaisers erzählen!

(Sie gehen schnell zum Marktstand zurück und holen ihre Mehlsäcke.)

Nathanael: Wir wollen schauen, wie es unseren Freunden und Schafen auf dem Feld geht! Kommt, es ist ein weiter Weg. Singt mit uns „Kommet ihr Hirten"!

Wir singen gemeinsam: Kommet ihr Hirten, Strophe 1 (2-mal)

Simon: Jetzt sind wir eingestimmt! Kommt, lauft hinter uns her! Wir kennen den Weg am besten! Und bleibt zusammen, damit wir niemanden verlieren!

(Die Kinder und die Hirten machen sich auf den Weg zum Feld.)

Szene 2: Bei den Hirten auf dem Feld

(Die Hirten Jonathan und David sitzen gemeinsam um eine Feuerschale, in der einige Holzscheite brennen. Sie singen ein Lied, bis alle Kinder da sind. Nathanael und Simon setzen sich zu ihnen und singen mit. Wenn alle da sind, unterbrechen die Hirten das Singen und begrüßen sich.)

Nathanael: David! Jonathan! Schön, euch zu sehen!

(Sie umarmen sich zur Begrüßung.)

Jonathan: Schön, dass ihr wieder da seid! Hat denn alles geklappt?

Simon: Ja! Hier ist das Mehl!

(Simon stellt das Mehl ab.)

Nathanael: Und wir haben einen Boten des Kaisers Augustus gesehen! Stellt euch vor, wir müssen uns alle in Listen eintragen, in der Stadt, in der wir geboren wurden!

David: Ach du liebe Zeit. Will der Kaiser sein Volk zählen? Na, dann wissen wir ja jetzt, wo wir mit den Schafen überall lang laufen müssen ...

Jonathan: Aber ich hab Hunger ... Kommt, wir machen uns Fladenbrot!

(Die Hirten schütten etwas Mehl in eine Schüssel und geben Wasser dazu. Sie verkneten es zu einem Teig.)

Jonathan: Und, habt ihr viele Menschen getroffen?

Nathanael: Ja, und wie voll das war in Nazareth auf dem Marktplatz.

David: Gut, dass ihr gegangen seid. Ich mag das nicht. Die Leute die schauen einen immer so komisch an.

Jonathan: Ja, die meinen, wir seien grob und hätten Angst vor ihnen. Nur weil wir immer allein auf dem Feld sind. Dabei arbeiten wir hier Tag und Nacht! Ohne eine Pause!

David: Und wir kämpfen gegen Wölfe! Die möchte ich mal sehen, wenn denen ein Wolf begegnet ... Die würden wegrennen.

Jonathan: Das stimmt. Und dann sagen sie auch noch, wenn ein Schaf mal wegläuft, oder von einem wilden Tier getötet wird, dass wir es gestohlen hätten! Oder aufgegessen! Als ob wir so schlechte Menschen sind!

David: Hoffentlich schickt Gott bald jemanden, der uns helfen wird!

Jonathan: Das glaube ich schon lange nicht mehr. Wir müssen selbst sehen, wie wir zurechtkommen.

Nathanael: Stellt euch vor, wir haben eine Frau getroffen. Die bekommt bald ein Baby. Das wäre ja schön, wenn so bald auch der Retter kommen würde, den Gott schicken möchte ...

Simon: Dann würde bestimmt alles besser werden, aber mir fällt es schwer, daran zu glauben.

(Plötzlich wird es ganz hell. Ein Engel steht auf einer mit einem schwarzen Tuch abgedeckten Leiter.)

David: Was ist das für ein Licht?

Simon: Ich kann nichts sehen!

Engel: (singt oder spricht) „Vom Himmel hoch, da komm ich her, ich bring euch gute neue Mär, der guten Mär bring ich so viel, davon ich sing'n und sagen will. Euch ist ein Kindlein heut geborn, von einer Jungfrau auserkorn; das Kindelein so zart und fein, das soll eu'r Freud' und Wonne sein. Es ist der Herr Christ, unser Gott, der will euch führn aus aller Not, er will eu'r Heiland selber sein, von allen Sünden machen rein!" (Evangelisches Gesangbuch Nummer 24) (spricht) Habt keine Angst! Heute ist in Bethlehem euer Retter geboren. Jesus, der Herr. Lauft! Ihr werdet das Kind in einer Futterkrippe finden.

(Der Engel verschwindet.)

Nathanael: Den muss Gott geschickt haben.

Jonathan: Also, ich weiß nicht, was das bedeuten soll.

Simon: Nach Bethlehem gehen. Ein Kind in einer Krippe soll unser Retter sein? Wer soll das verstehen?

Nathanael: Endlich schickt Gott den, auf den wir so lange gewartet haben. Endlich denkt er an uns arme Leute und hilft uns. Kommt, wir singen ein Lied!

Wir singen gemeinsam: Hört der Engel helle Lieder, Strophe 1 (2-mal)

Simon: Los Kinder, das müssen wir uns anschauen! Kommt mit! Wir laufen nach Bethlehem! Mal sehen, ob wir das Kind dort finden!

Szene 3: Die Hirten und die Sterndeuter treffen sich

(Die Hirten kommen an einer Weggabelung an. Sie schauen sich um und wissen nicht, wo es weitergeht. Bis alle da sind, spielen die Musiker/Musikerinnen das Lied: „Stern über Bethlehem".)

Simon: (schaut sich suchend um) Der Engel hätte uns den Weg erklären sollen. Wir stehen hier an einer Kreuzung und ich weiß zwar, wie wir nach Bethlehem kommen, aber nicht, wo es zum König geht ...

Nathanael: (überlegt) Mmh ... hier geht es in die Stadt, da zu den Wohnhäusern und da zu den Feldern ... Wo ist nur der König geboren?

Jonathan: Schaut mal, da kommen Leute! Vielleicht wissen die, wo wir Jesus finden!

(Die Sterndeuter kommen den Weg entlang.)

Kaspar: Da, schaut! Der Stern! Da drüben ist er wieder zu sehen. Da muss der neugeborene König sein!

Jonathan: Ihr sucht den neugeborenen König? Wir suchen Jesus, den neugeborenen Retter! Da suchen wir wohl den Gleichen!

Melchior: Ja! Wir haben einen besonderen Stern entdeckt! Besondere Sterne bedeuten, dass ein neuer König geboren wurde! Deshalb folgen wir dem Stern!

Balthasar: (schaut zum Himmel) Dort drüben ist er stehengeblieben! Da müsste es irgendwo sein!

Simon: Ihr kennt den Weg? Wir wussten gerade gar nicht, wo wir jetzt langgehen sollen!

Kaspar: Der Stern zeigt uns den Weg, hier müsste es langgehen! (zeigt Richtung Stall)

Simon: Wirklich? Aber da geht es doch nicht in die Stadt! Wo könnten wir da denn jemanden wie den Retter finden?

Melchior: Wenn der Stern dort stehengeblieben ist, dann muss es da sein!

Nathanael: Na, dann ... Dann wollen wir mit euch gehen. Vielleicht finden wir den Retter ja gemeinsam!

Wir singen gemeinsam: Stern über Bethlehem, Strophe 1 (2-mal)

(Danach gehen sie los.)

Szene 4: Vor dem Stall: die Suche nach dem neugeborenen König

(Die Hirten und die Sterndeuter bleiben vor dem verschlossenen Stall stehen. Sie schauen sich fragend um. Bis alle da sind, wird „Stern über Bethlehem" gespielt.)

Nathanael: So, jetzt sind wir hier. Hier ist Bethlehem und der Stern ist genau an dieser Stelle stehengeblieben. Aber wo soll denn hier der neugeborene König sein?

Balthasar: Komisch, ich kann kein Schloss und keinen Palast erkennen! Wo soll hier ein König geboren sein?
Melchior: Es muss hier doch sein. Der Stern ist stehengeblieben. Es kann doch nicht sein, dass wir falsch sind!
Simon: Aber! Hört her, der Engel! Der Engel hat uns doch gesagt, dass Jesus in einer Futterkrippe liegt!
Nathanael: Und eine Futterkrippe steht doch nicht in einem Palast, sondern ...
Simon: ... in einem Stall! Und was haben wir hier?
Nathanael: Einen Stall!
Simon: Hier muss der neugeborene Retter sein! Wir sind da!
Kaspar: Also, das ist ja eine Neuigkeit ... das kann ich nicht glauben. Das hat es ja noch nie gegeben. Ein König im Stall ...
Nathanael: Psst, seid leise! Ich schau mal rein!
(Geheimnisvoll schaut Nathanael hinein und macht die Tür aber gleich wieder zu.)
Nathanael: Wirklich! Da ist jemand! Und eine Krippe steht auch da!
Simon: Unglaublich! Wir haben ihn gefunden!
Melchior: Wie kann das wahr sein!
Nathanael: Lasst uns ganz leise sein und noch was singen.

Wir singen gemeinsam: Ihr Kinderlein, kommet, Strophe 1 (2-mal)

Szene 5: Die heilige Familie im Stall

Nathanael: Jetzt müssen wir ganz leise sein. Damit wir das Baby nicht wecken ... Und dann schleichen wir hinein in den Stall und die Kinder setzen sich ganz leise hin, o. k.?
(Der Stall wird geöffnet. Vorne sind Maria, Josef, das Jesusbaby und die Krippe. Vor der Krippe ist eine Laterne mit einer Kerze. Im Stall liegen mehrere Reihen Heu- oder Strohballen. Die Kinder setzen sich darauf und können so auf die Krippe, das Jesusbaby und Maria und Josef schauen. Die Eltern stellen sich dahinter. Die Hirten und Sterndeuter bleiben noch hinten.)
Josef: Schaut nur, unser Sohn ist da. Er heißt Jesus. Das hat ein Engel zu uns gesagt!
Kaspar: Der Stern – hier ist er stehengeblieben. Das ist eindeutig!
Melchior: Das muss der König aller Menschen sein, der Frieden und Liebe bringt!
Balthasar: Hier liegt der neugeborene König! Lasst uns niederknien und anbeten!
(Die Sterndeuter gehen zum Jesuskind und knien sich nieder.)
Melchior: Liebes Kind, wir haben dir Geschenke mitgebracht! Ich bringe dir Weihrauch, einen köstlichen Duft! Ich möchte dich verehren, wie es sich für ein göttliches Kind gehört!
(Melchior stellt eine Schachtel hin.)
Balthasar: Ich bringe dir Gold! Weil du der wahre König bist!
(Balthasar stellt eine Schachtel hin.)
Kaspar: Ich bringe dir Myrrhe, eine gute Medizin!
(Kaspar stellt eine Schachtel hin.)
Nathanael: (von hinten) Das muss das Kind sein, von dem uns der Engel erzählt hat!

Simon: Gott hat es in die Welt geschickt, um uns zu helfen!
David: Wir sind so glücklich, dass Gott sein Versprechen gehalten hat!
(Die Hirten gehen zum Jesuskind und knien sich nieder.)
Nathanael: Dieser Tag wird die Welt verändern! Gottes Sohn wurde in einem Stall geboren! Er wird alles verändern!
Simon: Du, kleines Jesuskind, kommst zu uns und hilfst uns! Gott sei Lob und Dank dafür!
Jonathan: Wir haben dir ein Lied mitgebracht; das wollen wir alle für dich singen!
(Der Hirte nimmt seine Gitarre/Flöte oder Ähnliches und singt gemeinsam mit allen „Stille Nacht!")

Wir singen gemeinsam: Stille Nacht, Strophen 1-3

Wir beten gemeinsam
Lieber Gott, das Kind ist gefunden. Ein kleines Wesen. Das soll der Retter sein? Es ist ein Wunder. Das Wunder von Weihnachten. Du wirst Mensch. Du kommst uns ganz nahe. In unsere Sorgen und Freuden, in unseren Alltag. Gemeinsam beten wir: Vater unser im Himmel ...

Abkündigungen mit Verabschiedung der Hirten
Die Hirten verlassen den Stall, nehmen die Laterne von der Krippe mit und stellen sich draußen auf, damit die Kinder nach dem Segen dort ein Licht anzünden können.

Wir singen gemeinsam
Oh du fröhliche, Strophen 1-3

Wir empfangen Gottes Segen
Gott lasse dich ein gesegnetes Weihnachtsfest erleben. Gott segne dich!
Er lasse dich spüren, welch ein Wunder an Weihnachten geschehen ist! Gott segne dich!
Er erfülle dich mit seiner Liebe und seiner Freude, weil Jesus uns ganz nahe ist. Gott segne dich!
Sein Geist lasse dich nie vergessen, dass Jesus mit dir geht!
Amen

Die Hirten haben das Licht von Jesus mitgenommen. Auch in unserem Zuhause soll es hell werden. Deshalb nehmen wir das Licht der Krippe mit. Ihr bekommt am Ausgang ein Glas mit einem Teelicht. Dies dürft ihr bei den Hirten anzünden.

Wir hören auf die Musik und gehen nach Hause
Jedes Kind erhält ein brennendes Teelicht in einem Glas von den Hirten, um das Licht von Jesus mit nach Hause zu nehmen. Parallel dazu spielen die Musiker/Musikerinnen.

Anhang

Verwendete Liederbücher

Ebinger, Thomas / Knapp, Damaris / Lorenz, Andreas / Widmann, Frank (Hg.): Kommt und singt – Liederbuch für die Jugend. Gütersloher Verlagshaus, Gütersloh ^{2}2015.

Einfach Spitze. 150 Knallersongs für Kinder, Gerth Medien, Asslar ^{5}2010.

Evangelisches Gesangbuch, je nach Kirchensprengel

Feiern und Loben. Gemeindelieder, SCM, Holzgerlingen 2003.

Feiert Jesus! Kids – Liederbuch, SCM Hänssler, Holzgerlingen 2015.

Härtling-Reine, Sophie: O du fröhliche. Das Weihnachtsliederbuch, Oetinger, Hamburg 2002.

Kinder feiern Jesus, SCM Hänssler, Holzgerlingen und Born-Verlag, Kassel 2005.

Müllerbauer, Mike: Absoluto guto – Notenheft, cap-music, Haiterbach 2005

Thomas, Tim: Du bist Herr Kids 1, Projektion J Musikverlag, Asslar 1996

Auf dieser Seite kann man Lieder auch als Einzelblatt-Partituren (Download) erwerben: www.danielkallauch-shop.de/wenn-familien-beten, letzter Zugriff am 31.1.2017.

Über die Autorin

Christiane Fauth (Jahrgang 1984), lebt gemeinsam mit ihrem Mann (Raphael Fauth, Pfarrer) und ihren drei Kindern in Schorndorf-Miedelsbach. Sie studierte Religionspädagogik an der Evangelischen Fachhochschule Ludwigsburg. Schon seit ihrer Jugend ist sie viel in der Kinder- und Jugendarbeit ihrer Gemeinde tätig (Kinderstunde, Jungschar, Teenkreis, Freizeiten ...). In ihrer Elternzeit verbindet sie ihren Beruf mit dem Ehrenamt. Unter anderem leitete sie das Team „Gottesdienst für kleine Leute“ in Waiblingen-Hohenacker. Ihr Herzensanliegen ist es, bereits kleinen Kindern die frohe Botschaft in ihrer Welt und Sprache verständlich zu machen. So entwickelte sie Gottesdienstentwürfe, die für die Kleinsten aufgebaut sind. Ihr Wunsch ist es, dass durch diese Entwürfe auch schon die kleinen Leute Freude am Glauben und einen Platz in der Gemeinde finden. Durch die offenen und leicht verständlichen Gottesdienste sollen auch kirchenferne Familien angesprochen werden.

Ein herzliches Dankeschön geht an dieser Stelle an das Team „Gottesdienst für kleine Leute“ in Hohenacker, das mich immer wieder inspirierte und gemeinsam bereit war, viele neue Dinge auszuprobieren!
Ein Dankeschön auch an Pfarrerin Ingrid Wöhrle-Ziegler, die mir zutraute, Gottesdienstentwürfe zu schreiben und das Team zu leiten!
Danke an alle, die mich unterstützt haben, neben all dem Alltagstrubel dieses Buch zu schreiben.
Nicht zuletzt Danke an meinen Vater im Himmel, möge er dieses Buch zum Segen für Viele werden lassen.